Horst Afflerbach

Die sanfte Umdeutung des Evangeliums

Eine biblische Analyse des Neuen Bewußtseins

R. BROCKHAUS VERLAG WUPPERTAL

ABCteam

Bücher, die dieses Zeichen tragen, wollen die Botschaft von Jesus Christus in unserer Zeit glaubhaft bezeugen.

ABCteam-Bücher erscheinen in folgenden Verlagen:
Aussaat- und Schriftenmissions-Verlag Neukirchen-Vluyn
R. Brockhaus Verlag Wuppertal
Brunnen Verlag Gießen (und Brunnquell Verlag)
Christliche Verlagsanstalt Konstanz (und Friedrich Bahn Verlag/Sonnenweg-Verlag)
Christliches Verlagshaus Stuttgart (und Evangelischer Missionsverlag)
Oncken Verlag Wuppertal und Kassel

Umschlaggestaltung: Carsten Buschke, Leichlingen 2
Umschlagfoto: Masterfile – ZEFA, Düsseldorf
Gesamtherstellung: Breklumer Druckerei Manfred Siegel KG
ISBN 3-417-12399-2

INHALT

VORWORT

Dieses Buch ist aus einem Referat entstanden, das ich anläßlich einer Wiedenester Tagung für Brüder in gemeindlicher Verantwortung zu halten hatte. Damals wurde ich gebeten, zu dem Thema: »Die Herausforderung der Gemeinde Jesu durch religiöse Geistesströmungen« zu sprechen.

Die Reaktion auf diesen Vortrag war so unerwartet groß, daß ich mich genötigt sah, weiter an diesem Thema zu arbeiten. Inzwischen habe ich in vielen Gemeinden, auf Seminaren und in Workshops dies Anliegen weitergeben und Gespräche darüber führen können. Viele bestätigten meine Beobachtungen durch dieselben Erfahrungen und zum Teil erschütternde persönliche Zeugnisse. Sehr oft wurde der Wunsch vorgebracht, die vorgetragenen Gedanken einmal schriftlich bekommen zu können. So habe ich mich nach langem Zögern dazu entschlossen, dem Wunsch stattzugeben und das Manuskript zu veröffentlichen. Es geschieht in der Hoffnung, daß das seelsorgerliche Anliegen, das mich zur Stellungnahme bewogen hat, herausgespürt wird.

Um was geht es eigentlich? Es soll im folgenden aufgezeigt werden, daß in der Gemeinde Jesu ein neues Bewußtsein, eine neue Art zu denken aufgekommen ist, die eine sanfte Umdeutung des Evangeliums zur Folge hat. Ein neuartiges Reden vom Menschen und von Gott verunsichert bereits viele Gemeindeglieder. In Predigten und Gruppengesprächen schlägt es sich nieder und bewirkt bei vielen ein wachsendes Unbehagen. Andererseits findet es Anhänger, so daß es nicht selten innerhalb einer Ortsgemeinde zu Spannungen kommen kann, die das Gemeindeleben lähmen. Einige der Anhänger treten aus der Gemeinde aus. Das neue Bewußtsein vom Menschen, von Gott und der Gemeinde ist nicht einfach zu lokalisieren und zu definieren, weil es die biblischen Begriffe aufnimmt und in einen anderen Deuterahmen stellt. Es soll aufgezeigt werden, daß es einen anthropozentrischen Ansatz hat, der sich deutlich vom biblischen Offenbarungsansatz unterscheidet. Dies scheint mir am ehesten zu gelingen, wenn an den drei Hauptteilen dieses Buches der Unterschied des neuen Bewußtseins zum biblischen Zeugnis aufgezeigt wird. Es handelt sich erstens um das Thema des Menschen. Hier hat das Zauberwort der Selbstverwirklichung bereits viele in seinen Bann gezogen. Ist die neue Beschäftigung mit dem Selbst wirklich so heilsam, wie man von ihr behauptet? Der zweite Teil beschäftigt sich mit der Frage: Haben wir bisher falsch von Gott gedacht, und müssen wir unsere Gottesbilder revidieren? Im dritten Abschnitt geht es um die

Fragen der Zukunft und der Weltverantwortung der Gemeinde: Ist Frieden möglich? Sollen die Christen an der Zukunft mitbauen? Der Darstellung des Ansatzes der Neuerer folgt jeweils eine biblische Stellungnahme. In der Darstellung kommen z.T. bekannte Personen zu Wort, über deren Glaube zu urteilen ich nicht berechtigt und gewillt bin. Allein auch ihre Aussagen sollten anhand der Bibel als des autoritativen Gotteswortes geprüft werden dürfen.

Es handelt sich hier um den Versuch einer Bestandsaufnahme des neuen Bewußtseins, nicht um eine umfassende wissenschaftliche Abhandlung. Sicher könnte an manchen Stellen sehr viel mehr dazu gesagt werden. Hier soll es lediglich um eine Anregung zum Nachdenken gehen. Das Ziel des Buches wäre erreicht, wenn dadurch in den Gemeinden eine Neubesinnung auf christliche Glaubensinhalte anhand der Bibel einsetzen würde, wenn dadurch das Zeugnis des Wortes Gottes über den Menschen und von der Heilsinitiative Gottes in Christus wieder klar und unmißverständlich zum Tragen käme.

I. Teil: »Was ist der Mensch?«

In der Beantwortung dieser Frage des Psalmisten (8,5) gehen die Meinungen von theozentrischem und anthropozentrischem, von biblischem und humanistischem Ansatz auseinander. Im folgenden soll versucht werden, anhand einiger Stichworte das neue Bewußtsein vom Menschen darzustellen und von der Bibel her zu bewerten.

1. Beeindruckt von der Größe des Menschen

Was vor 300 Jahren in der Aufklärung begonnen und bis heute nicht nachgelassen hat, ist die Faszination vom Menschen, von seiner Größe, seiner Freiheit und der Möglichkeit, sich selbst zu entfalten.

Eine der einschneidendsten Aussagen, die die geistes- und kulturgeschichtliche Entwicklung prägten und veränderten, war der Satz René Descartes' (1596–1650): »Cogito, ergo sum!« – »Ich denke, also bin ich!«

Dachte man davor weitgehend theologisch, indem man den Glauben an Gott als Voraussetzung des Erkennens verstand (Anselm von Canterbury [1033–1109] konnte noch sagen: »Credo, ut intelligam« – »Ich glaube, um zu erkennen«), so wurde mit dem cartesianischen Zweifel das autonome Denken zum Ausgangspunkt und Kriterium alles Seins erhoben. Immanuel Kant prägte das Wort vom »Ausgang des Menschen aus seiner selbstverschuldeten Unmündigkeit«. Der aufgeklärte Mensch begann also mutig, sich seines Verstandes ohne Hilfe und Bevormundung anderer zu bedienen. Die erste Emanzipation von Gott, das Loslösen von Gott auch im Denken, hatte sich ereignet. Karl Marx (1818–1883) formulierte es später treffend so: Der Mensch müsse nun aufhören, »sich um Gott als seine illusionäre Sonne zu drehen und anfangen, sich um sich selbst als seine wahre Sonne zu bewegen«.[1] Man muß nicht Marxist werden, um diesen Denkansatz zur Grundlage seines Lebens zu machen. Ob es sich um die Evolutionshypothesen für die Entstehung des Lebens im gesamtkosmischen Bezug handelt oder um die humanwissenschaftlichen Konzeptionen verschiedenster Provenienz – immer und überall geht es um den Menschen, seine Bedürfnisse und Ziele.

Von der Aufklärung bis in unsere Zeit hinein läßt das Vertrauen in die Größe des Menschen trotz aller Katastrophen, die es verursacht hat, nicht nach. Selbst angesichts globaler Probleme, wie der realistischen Möglichkeit eines atomaren Holocaust, glaubt man an die Vernunft des Menschen, der durch sein mutiges Handeln die Wendezeit einleiten könne. Die Möglichkeit dazu liege im Menschen selbst begründet, in seiner Fähigkeit umzudenken, Altes loszulassen und Neues zu umarmen. Frieden und Liebe seien prinzipiell möglich.

Die Gemeinde Jesu hat, sofern sie Gemeinde unter dem Wort war, nie in dieser »aufklärerischen« Weise einseitig von der Größe des Menschen geredet. Sie hat von seiner Größe *und* von der Tragik seines Falls geredet, von der Größe nur in seiner erlösten gottesebenbildlichen Beziehung zu seinem Schöpfer und Heiland-Gott.

Offensichtlich ist das heute wieder anders. Man besinnt sich auch in der Gemeinde auf den Menschen in einer neuen Weise, die aufhorchen läßt. In einer Meditation Ulrich Schaffers, des bekannten christlichen Lyrikers, mit der Überschrift: »Die Größe des Menschen«[2] heißt es:

> Ich höre Albinonis Adagio in g-moll
> und bin betroffen
> von der Größe des Menschen
> von der Wahrhaftigkeit der Gefühle,
> von der Tiefe des Erlebens.
>
> Ich spüre,
> der Mensch ist groß,
> kann groß sein,
> ist nicht nur Wurm,
> wie ich es als Kind in Liedern gelernt habe.
>
> Ich lehne mich heute dagegen auf,
> halte mich an die Wahrheit,
> die mir von Albinoni entgegenschwingt.
>
> Ich werde mir bewußt,
> daß ich Sohn bin,
> Sohn eines Vaters,
> der unendlich reich ist ...
>
> Jetzt feiere ich.
> Ich feiere,
> ich stimme die Feier an
> auf den Sohn Gottes
> und die Größe des Menschen.

Offensichtlich wird in diesen Aussagen ein Nachholbedürfnis deutlich. Weil der Dichter in seiner eigenen Kindheit sehr einseitig Lieder kennengelernt hat, in denen der Mensch »nur Staub«, »nur Wurm« war, entdeckt er nun die ganz andere Seite des Menschen, die er enthusiastisch feiert: seine Größe!

Dasselbe Anliegen vertritt Ellwood S. Wolf in einem Aufsatz unter dem Titel. »Wir feiern und besingen uns selbst«[3]. Wolf will anhand von Kirchenliedern die Entwicklung des Menschenbildes in der christlichen Gemeinde aufzeigen. Er freut sich, daß es heute endlich zu einem neuen Bewußtsein vom Menschen gekommen sei. Während das amerikanische Kirchenlied in der ersten Hälfte des 19. Jhdts. (Wolf ist amerikanischer Baptist) den Menschen lediglich »als wertlosen Sünder« kennzeichne, der »entweder zum Himmel oder zur Hölle gedrängt« werde, fühle sich »das singende Gemeindeglied« um die Mitte des 19. Jhdts. »wie eine Marionette, deren Gedanken und Handlungen von Mächten außerhalb ihrer kontrolliert werden.« Wolf resümiert: »Der verlorene Mensch ist degeneriert, voller Schande, nur noch gut für den Tod und die Hölle, das Gericht wartet seiner. Er hat ein törichtes, erfrorenes, störrisches Herz. Er ist Sklave der Sünde, nur auf Arges und Böses aus.«

Nun endlich im 20. Jh. singe »der Mensch über sich selber in neuer Weise«. Glaubte er früher, »wie ein Wurm in Sünden zu kriechen«, so wisse er sich heute als »Individuum verantwortlich für das Wohlergehen seines Nächsten wie des Bruders auf der anderen Seite der Weltkugel«.

Der Mensch des 20. Jhdts. »steht aufrecht. Er erhebt Anspruch auf Individualität, um seine jeweiligen Gaben zu gebrauchen. Er hat weitgesteckte Ziele; er weiß sich verantwortlich für die Verbesserung des Weltschicksals. Er glaubt an Menschenrechte. Mit kühnem Verstand und geistlichem Tiefgang handelt er als Bruder aller . . . Er wendet sich seiner selbst in Würde und Autorität zu.«[4]
Offensichtlich meint man, daß es nun auch für den Christen an der Zeit sei, sich von falschen Vorstellungen zu befreien und auf sich selbst zu konzentrieren. Bei Ulrich Schaffer kommt dieser Prozeß der Veränderung vom alten zum neuen Bewußtsein sehr deutlich zum Ausdruck. Er spricht »für die Mutigen, die ihren Weg suchen«, für solche, die – wie er, – alte »Kategorien«, die »nicht mehr lebensfördernd erschienen«, »drangegeben« haben, die »nicht mehr in dem Althergebrachten leben« können und deshalb auch »nach neuen Lebensweisen« suchen, »für die, deren Leben im Umbruch ist«, »für die Mutigen, die nach neuen Wegen suchen, wenn die alten unbegehbar geworden sind.«[5]

Aus einer engen Frömmigkeitstradition herkommend emanzipiert er sich nun derart gründlich von allem althergebrachten Glaubensgut, daß man Mühe hat, seinem neuerlichen Selbstwertgefühl

zu vertrauen. Jedenfalls will er endlich angstfrei leben. »Mein Leben gehört mir.« – »Ich fordere es zurück.«[6]
Mit dieser Zielstrebigkeit kann er vor Gott treten und ihm sagen, was er nicht mehr will und was er will.

Ich will nicht mehr betteln.
Diese Erniedrigung paßt nicht
zu einem Sohn Gottes.

Ich will nicht mehr unterwürfig knien.
Dann kann ich deine Augen nicht sehen
und gehe an deinem Angebot vorbei ...

Ich will mich nicht entschuldigen
wie einer, der immer ungenügend ist.
Du hast mich doch gemacht.

Ich will mein Gesicht nicht vor dir verdecken.
Du sollst sehen, wer ich bin,
und ich will mich nicht mehr schämen ...
Ich will keine Angst vor der Sünde haben ...

Ich
will leben,
bunt und auf dich zu,
wie eine Blume sich zur Sonne streckt ...

Ich will aufrecht gehen.
Ich will denken ohne schlechtes Gewissen.
Ich will meine Phantasie ehren.
Ich will meine Freude genießen.
Ich will meinen Körper würdigen.

Ich will voll verantwortlich für mich sein.
Ich will auf dich zugehen, weil ich es will.

Ich will mein Leben besitzen,
damit ich es weggeben kann,
wenn ich es will.[7]

Die Größe des Menschen zeigt sich hier in der freien Willensentscheidung Gott gegenüber. Nicht mehr im abhängigen Fragen nach dem Willen Gottes sucht der Mensch seine Freiheit, sondern in der freien Erklärung, was er selbst will und nicht mehr will. Die eigenen Ansprüche werden als rechtmäßiger Ausdruck der Persönlichkeit *über* den Anspruch Gottes gestellt. So braucht man auch nicht mehr um den Segen Gottes zu flehen, sondern kann sich den Segen selbst spenden: »Ich segne mich, Mensch zu sein ...«[8] Nur noch folgerichtig ist dann in diesem Zusammenhang die Gipfelaussage:

»Ich war.
Ich bin.
Ich werde sein.«[9]

Einmal ganz abgesehen von der Fragwürdigkeit solch einer Formulierung, die durch ihre Anlehnung an Offb. 1,4 die Grenze zur Blasphemie bereits überschritten hat, bricht hier ein Individualismus auf, der im Blick auf die Gemeinde nicht ohne Folgen bleiben kann. Das Reden von der Größe des Menschen führt bei vielen Hörern zu einer Sehnsucht nach Größe, da sie sich nun ihrer eigenen Begrenztheit und Durchschnittlichkeit nur allzu bewußt werden. Werden in dieser Phase der Erkenntnis eigener Defizite dann noch Rezepte angeboten, wie man sicher zur Größe gelangt, und zwar wenn man nur will, ist manch einer geneigt, die Anleitung zur Persönlichkeitsreife auch auszuprobieren.

Als ein Vertreter der von Größe und Selbstbewußtsein nur so strotzenden Selbstverwirklichungsstrategien sei hier exemplarisch Robert H. Schuller erwähnt, dessen Evangelium sich in einem Satz zusammenfassen läßt: »Gott will, daß wir Erfolg haben! Erfolg fördert unsere Selbstachtung.« Von dieser Grundthese ausgehend, wird er nicht müde zu betonen, daß die Bestimmung des Lebens in der Verwirklichung und Entfaltung der im Menschen ruhenden Kräfte liegt.

> »Erkenne die schlummernden Möglichkeiten in dir!« – »Lerne mit dir zu leben.« – »Entwickle deine Persönlichkeit!« – »Stärke deine Kräfte!« – »Nimm dich selber an!« – »Entwickle dich weiter!« – »Zeichne dich durch etwas Besonderes aus!« – »Wer in die Höhe will, muß sich erheben.« – »Gipfelerlebnis ist eine positive Erfahrung, die uns zeigt, wer wir sind, und uns bewußt macht, daß wir mehr sind, als wir je gedacht haben.« – »Wir beginnen, an unsere Möglichkeiten zu glauben. Wir werden zu positiv denkenden Menschen und fühlen uns dabei wie neugeboren.« usw. usw.[10]

Die »religiöse Botschaft« sei in dieses Konzept »überzeugend hineingeschoben«, stellt Norman Vincent Peale, der Autor von »Die Kraft des positiven Denkens«, in seinem Vorwort zu Schuller fest. Sie bestehe darin, daß wir zum »Partner Gottes« werden.

Die Vorstellungskraft, durch die Gott das Universum ersann, »ist latent auch in deinem Geist – an dir liegt es, sie zu benutzen.«[11] »Gott hat die Kraft, wenn du den Glauben hast.«[12] »Alles ist möglich dem, der glaubt.«

Für viele Christen, die sich ihrer »Durchschnittlichkeit« schämen, sind das faszinierende Gedanken. Ganz andere Sichtweisen tun sich da auf, als die im engen Raum der Ortsgemeinde vermittelten. Wer erst einmal von der Möglichkeit der Größe des Menschen beeindruckt ist, wer die »Freiheit des Individualismus« geschmeckt hat, dem wird schnell die Gemeinde mit ihrem »Zwang zur Anpassung« zu eng. Die Folge davon ist vielfach der Ausstieg: »Glaube – Ja. Kirche – Nein.« Nicht nur Ulrich Schaffers Weg ist so verlaufen. Unter dem Bekenntnis »Ausgestiegen!« nennt Dagmar Kind in der Zeitschrift der Arbeitsgemeinschaft Beratung-Therapie-Seelsorge[13] auffallend offen ihre Gründe, warum sie nach 30 Jahren Brüder- und Baptistengemeindeleben ausgestiegen ist.

Sie will ihre Meinung – und auch das ist eigentlich typisch – »als Ergebnis *persönlicher* Erfahrungen« verstanden wissen, um klarzustellen, »daß es sich nicht um Wahrheiten allgemeingültiger Art handelt; um *meine Wahrheit* ja, Zeugnis, *meiner Lebensgeschichte*«. So sei es ein *»ein individueller Weg«*, den sie gegangen sei.[14] Was sie dazu veranlaßte, war u. a. die für sie schmerzliche Erkenntnis, daß »der Preis für die Gnade . . . hoch« und »a) mit Verlust des Selbstwertes und b) mit Angst gepaart war.«

> »Um die Gnade Gottes in ihrer Größe erfassen zu können, mußte erst der eigene Unwert schmerzlich empfunden werden. Auch bei einer Bekehrung blieb die eigene Nichtigkeit bestehen.«

Das ist aber für das neue Bewußtsein eine nicht annehmbare Provokation. Die Erkenntnis der eigenen Wertlosigkeit, die Bereitschaft zum Tod als Voraussetzung zum Leben kann nicht angenommen werden. Dazu noch einmal Ulrich Schaffer:

»Ich lehne die Sprüche ab,
die mir den Tod bringen,
die mich entwürdigen
und schlecht machen.

Wie ich sie hasse,
die gutgemeinten Vereinfachungen,
die ich nur glauben kann,
wenn ich mich nicht ernst nehme.

Aber
ich habe entschieden,
mich ernst zu nehmen
als Akt des tiefsten Glaubens
an dich, Gott,
weil du sagst,
daß du unser Leben willst

und nicht unseren Tod,
weil du unser Wachstum wünschst
und nicht unsere Verkümmerung.

Darum wehre ich mich
gegen die Verstümmler,
gegen die Entwürdiger und Reduzierer,
gegen die Kleinkarierten,
gegen die Vereinfacher,
gegen die Seelenzerstörer . . .«[15]

Unterstellen wir einmal, daß Menschen, die so reden, verwundet worden sind, gestehen wir weiter ein, daß sie an einer falsch verstandenen Frömmigkeit gelitten haben, die von Leistungsdruck, Doppelmoral und Heuchelei geprägt war, daß sie an einer unbiblischen Einseitigkeit, die Leben nur auf der geistlichen Ebene zu – und die menschlichen Grundbedürfnisse außer acht ließ, erstickt sind, so rechtfertigt das Ablehnen dieser Karikatur christlichen Glaubens nun aber nicht das Ablehnen wesentlicher biblischer Grundsätze geistlichen Lebens. Abgesehen davon, daß eine pauschale Beschreibung gemeindlichen Lebens in der oben angegebenen Weise sicher nicht zutreffend ist, kann man nicht unterstellen, daß in der Verkündigung des Evangeliums nicht auch von der Würde und dem Adel des Menschen gesprochen worden sei. Das ist ganz sicher immer wieder geschehen. Nur wurden diese Attribute auf die hohe Bestimmung des Menschen, Repräsentant Gottes auf dieser Erde zu sein, bezogen. In seinem Buch »Der König der Erde, Ein Zeugnis vom Adel des Menschen nach Bibel und Naturwissenschaft«[16] zeigt Erich Sauer auf, daß Gott an der hohen Berufung des Menschen, König der Erde zu sein, trotz des Sündenfalls festhält und mit ihr zum Ziel seines Heilshandelns kommt.

Soviel ist zunächst zu sagen: der natürliche Mensch hat nicht aus sich selbst Würde und Größe, sondern nur im Blick auf Gott, seinen Schöpfer. In seiner »formalen Gottebenbildlichkeit« (Emil Brunner) liegt sein spezifisches Humanum, also das, was den Menschen vor der gesamten übrigen Kreatur auszeichnet. Seine Größe besteht also in seiner »Wortfähigkeit« bzw. Ver-antwort-lichkeit Gott gegenüber. Größe ohne Verantwortung ist Hybris! Gerade daran ist der Mensch ja gescheitert! Er setzte seine Größe gegen Gott durch! Deshalb hat er seine »materiale (nicht materielle!) Gottebenbildlichkeit« total verloren, also seine unmittelbare Beziehung zu Gott. Der Mensch ist trotz seines Menschseins mit all den geschöpflichen Gaben in Sünde gefallen und daher erlösungsbedürftig geworden. Einseitig von der Größe des Menschen zu reden, ohne ihn direkt auf die

Tiefe seines Falls anzusprechen, ist selektive Wahrheit, also Lüge. Die Größe des Menschen, die er in seiner formalen Gottebenbildlichkeit ja noch hat –Psalm 8,5: »Du hast ihn wenig niedriger gemacht als Gott!« – kann aber nach dem Sündenfall *nur* im Blick auf Christus, den wahren Menschen, ausgesagt werden. Im Blick auf das Erlösungswerk Christi kann dann aber nicht mehr von der Größe des Menschen, sondern nur von Begnadigung gesprochen werden. In der Unterordnung unter den Größten – Jesus Christus – kann der Mensch zu seiner Bestimmung, König der Erde zu sein, zurückfinden. IHM gebührt deshalb allein, »zu empfangen die Macht und Reichtum und Weisheit und Stärke und Ehre und Herrlichkeit und Lobpreis« (Offb. 5,12). Die höchste Würde des Menschen besteht darin, sich vor dem Herrn aller Herren, dem König aller Könige niederzuwerfen und zu bekennen: »Du bist würdig, unser Herr und Gott, die Herrlichkeit und die Ehre und die Macht zu nehmen« (Offb. 4,10f). Darum: »Wer sich rühmt, der rühme sich des Herrn!« (1. Kor. 1,31).

Schon hier muß als eine erste Beurteilung festgehalten werden, daß das neue Bewußtsein, in dem der Mensch sich seiner selbst in Würde und Autorität zuwendet, nicht zur wahren Anbetung Gottes gelangt, da diese eine Verherrlichung des Herrn, eine Erhebung des Vaters zum Inhalt hat, die nur aufgrund der Erkenntnis eigener Unzulänglichkeit im Geist und in der Wahrheit möglich ist.

2. Der Verlust der Ganzheit

Einer der Hauptbegriffe unserer Zeit ist der der Ganzheitlichkeit oder Ganzheit. Im Denken der New-Age-Bewegung spielt er eine Hauptrolle. Das Schlagwort heißt dort »Holismus« (von griech. holos »ganz«).

Während das herkömmliche Denken der Aufklärung vom Absolutheitsanspruch des Dualismus gekennzeichnet war, wird es im »neuen Zeitalter« von dem synthetischen Ansatz der Ganzheit abgelöst. Die bisherige Zeit ist durch ein zergliederndes Vorgehen gekennzeichnet, das die universelle und individuelle Welt in Einzelle zerlegt, die miteinander wenig zu tun haben. Einige Antagonismen – jeweils Paare, deren einer Teil von dem anderen unüberbrückbar getrennt ist – sind: Gott – Mensch, Himmel – Erde, Diesseits – Jenseits, Mann – Frau, Leben – Tod, Innen – Außen, Ich – Du, Bewußtsein – Unbewußtes usw.

Das synthetische Bewußtsein fügt nun nicht einfach kritiklos und als gedankliches Sandkastenspiel die verschiedenen Teile zusammen, sondern sieht sich imstande, verschiedenste, scheinbar widersprüchliche oder sogar gegensätzliche Ansichten auf einer höheren Stufe zusammenzubringen und als Ganzes zu integrieren.

Dieses Denken ist geprägt von dem integralen Geist des östlichen und fernöstlichen Kulturkreises. Im deutschsprachigen Raum ist es verbunden mit den Namen Goethe, Schopenhauer und vor allem C.G. Jung. Er ist einer der Hauptväter des neuen ganzheitlichen Bewußtseins. Sein Einfluß auf alle Bereiche des neuen Denkens in Psychologie und Theologie ist gar nicht zu unterschätzen. Alle psychologischen Schulen kommen heute ohne ihn (im Gegensatz zu Siegmund Freud!) nicht mehr aus. Prof. Yorick Spiegel zeigt in seinem Aufsatz »Archetyp im Talar«[17] Jungs Einfluß auf die Theologie auf. Die heute angebotenen Therapieziele »Weg zum wahren Selbst, Ganzheitlichkeit, Lebenssinn, Echtheit, Einheit mit dem Kosmos, Selbstverwirklichung« usw. würden durchweg in den »messianischen Adelsstand erhoben«. Es sei aber ein »größenwahnsinniges Versprechen«, »den Menschen ganzheitlich erkennen und behandeln zu können«.

Auch in der Gemeinde Jesu ist nun allenthalben von Ganzheitlichkeit die Rede. Sie scheint das höchste Ziel aller Bestrebungen in Seelsorge und Verkündigung zu sein, das Allheilmittel gegen Zerrissenheit und unheilvolle Zustände des eigenen wie des gemeindlichen Lebens.

Alarmiert von den modernen gesellschaftlichen Dekadenzerscheinungen im allgemeinen und den seelischen Nöten Jugendlicher und Erwachsener im besonderen treten christliche Therapeuten heute engagiert an die Öffentlichkeit und machen durch ihre Beobachtungen viele Christen hellhörig. Exemplarisch nennen möchte ich hier Hanna Wolf[18], Wilhard Becker[19] und Christa Meves[20].

In ihrer Praxis scheinen die Erkenntnisse der tiefenpsychologischen Väter C.G. Jung, S. Freud, A. Adler, E. Fromm und V.E. Frankl sich hundertfältig zu bestätigen und für den Bereich der christlichen Gemeinde fruchtbar zu werden. Die permanente Verdrängung seelischer Regungen bei Christen sei eine Not, die nicht länger verschwiegen werden dürfe. In diesem Zusammenhang wird auch darauf hingewiesen, daß die Einseitigkeit menschlicher Lebensführung echte Persönlichkeitsentwicklung verhindert. Christa Meves[21] weist auf das »Schicksal der Verkopfung« hin, dem »kaum ein Mensch in unserem Kulturkreis heute entgehen« könne, der mit sechs Jahren eingeschult wird und die verschiedenen Bildungs- und Lehranstalten bis zur Universität durchläuft. Dabei komme es zu einer »Wucherung der Denkfunktion«, die der dänische Arzt und Tiefenpsychologe Ewald Bohm als »Verkopfungsneurose« bezeichnet hat. Es sei dies nicht ein vereinzelt anzutreffendes Individualsymptom, sondern Kennzeichen der modernen Gesellschaftssysteme. Diese breitflächige Intellektualisierung verhindere in ihrer Einseitigkeit das ganze Spektrum menschlichen Erlebens. Insbesondere verbiete sich »der Verkopfte . . . seiner gesamten Gefühlswelt freien Lauf zu lassen, ja sie überhaupt zu haben.« Die Folge sei nicht nur eine bedauernswerte Verarmung, sondern, was viel schlimmer ist, seelische Erkrankungen und Verkrüppelungen. Dazu komme die einseitige Beschränkung auf das Sichtbare und Oberflächliche bei gleichzeitigem Mißtrauen gegen alles Unsichtbare. Aus diesem Grund werde auch die Religion, die »dem Bereich des Gefühls . . . angehört« (!), beiseite getan.

Die sich immer weiter aufsplitternde geistesgeschichtliche Entwicklung habe zu einer Sezierung und Isolierung der Persönlichkeit geführt, die dem Gesamtaspekt des Menschen nicht mehr gerecht werde. Deshalb sei die Entdeckung der die einseitig betonten Lebensmodi ergänzenden Bereiche wichtig. Neben das abstrakte Denken müsse das Gefühl, neben die Reflexion die Intuition, neben das Wachen das Träumen, neben das Bewußte das Unbewußte treten. Diese bisher sträflich vernachlässigten Bereiche würden ein Potential urtümlicher Heilungskräfte in sich bergen. Ihre Verneinung führe zu neurotischen und pathologischen Symptomen.

Gerade für den Christen sei es befreiend zu wissen, daß Christus ihn ganz erlöst habe, nicht nur seinen Geist, sondern eben auch die Seele und den Leib.

> W. Becker: »Der ganze Mensch, und nicht nur seine Sonnenseiten, sind von Gott angenommen. Dieses Bewußtsein der totalen Annahme und des totalen Schulderlasses durch die eine umfassende Liebe kann zu einer wunderbaren Befreiung führen; auch zu einer Befreiung der Gefühle, die jetzt nicht mehr sortiert werden müssen in werte und unwerte Empfindungen. Ich darf weinen und lachen, mich ärgern, wütend und zornig sein. Ich darf Begeisterung, Heiterkeit und Verliebtsein zeigen. Alles hat seinen Wert und seinen Platz im neuen Leben.« – »Der Geist Gottes . . . wirkt auch im Selbst und fördert den Prozeß der Integration der ganzen Persönlichkeit.«[22]

Jeder Seelsorger kann bestätigen, daß das Leiden vieler gläubiger Menschen, in denen sich Abgründe seelischer Nöte, Depressionen, Verwundungen und Verkrümmungen auftun, häufig durch Verdrängen von nicht bewältigten Erlebnissen verursacht ist. Daß es hier Zusammenhänge von unbewußten und bewußten, inneren und äußeren, seelischen und körperlichen Bereichen der Persönlichkeit gibt, die in der Lebensbewältigung berücksichtigt werden müssen, will keiner bezweifeln. Wer würde weiter die Augen verschließen wollen vor einer einseitig überfordernden, krampfhaften und gesetzlichen Frömmigkeit, die bei vielen zu ernsthaften Entwicklungs- und Persönlichkeitsschäden geführt hat? Und wer wüßte schließlich nicht um autoritäre Familien- und Gemeindestrukturen, die krankhafte, zuweilen neurotisch zu nennende Persönlichkeitsbilder hervorgerufen haben? Wer wüßte nicht von intellektuellen Predigten und rhetorischen Wortspielen zu berichten, die in ihrer Blasiertheit und Blutarmut die Herzen der Hörer nicht treffen? Wer litte nicht an durchorganisierten gottesdienstlichen Abläufen, in denen kein Raum für geistgewirkte Spontaneität ist? Und dabei ist durchaus nicht nur an liturgisch-strukturierte Gottesdienste einiger »Großkirchen« zu denken, sondern mutatis mutandis auch an die sog. »offenen«, d.h. »liturgiefreien«, aber innerlich doch an den immer gleichen, von der Tradition festgelegten Ablauf gebundene Gemeinschaftsformen. Wem fiele nicht die kühle Distanziertheit vieler Menschen – eben auch der Christen – und ihre Unfähigkeit zu warmem herzlichem Gemeinschaftserleben auf?

Das alles muß in der christlichen Gemeinde ernsthaft gesehen werden. Ebenso ist der ganze Bereich der Geschöpflichkeit inklusive der Sexualität und der Seele zu oft und zu lange ausgeblendet oder gar verdrängt worden. Die Folgen waren vielfach Verkümmerung und Freudlosigkeit des einzelnen bis hin zu Depressionen und Neurosen.

Wer Teile seiner Geschöpflichkeit einfach vernachlässigt oder sie auf Kosten einer falsch verstandenen Geistlichkeit ignoriert, darf sich über die krankmachenden Folgen nicht wundern. Denn unser Erlöserheiland ist auch immer unser Schöpfer (Kol. 1,16). Erlösung geschieht nicht auf Kosten der Schöpfung, sondern im Blick auf Neuschöpfung (2. Kor. 5,17). Daß auch der Glaubende seinen Gefühlen Ausdruck gibt, ist im Alten und Neuen Testament nicht zu übersehen. Man denke nur an die Klagen in den Psalmen (z.B. Ps. 6,2f.7f; 7,2f; 22,12–22; 32,3f u.v.a.m.), den jubelnden Lobpreis (Ps. 13,6; 33,1f; 34,6ff u.v.a.m.) oder an das dankbare Bekenntnis des Geborgenseins im Glauben (Ps. 23). Auch unser Herr Jesus hat geweint (Luk. 19,41; Joh. 11,35), frohlockte (Luk. 10,21), war ergrimmt (Joh. 11,33), wurde erschüttert (Joh. 11,33) und hatte Erbarmen (im Griechischen »bis in die Eingeweide hinein«, Matth. 9,36), also starke Gefühlsäußerungen. Diese Tatsache ist unbestritten.

Was nun aber bei der Forderung des neuen Bewußtseins nach Ganzheitlichkeit, nach Integration der Gefühlswelt und des Leibes, des gesamten Bereiches des Unterbewußten in das geistliche Erlösungshandeln problematisch ist, ist die fehlende Unterscheidung von psychischer (natürlicher) und pneumatischer (geistlicher) Wirklichkeit.

> »Der natürliche Mensch (anthropos psychikos) vernimmt *nichts* vom *Geist Gottes,* denn es ist ihm eine Torheit und er kann es nicht erkennen, weil es *geistlich* unterschieden (beurteilt) wird.« (1. Kor. 2,14)

Diese biblische Grundwahrheit, daß nämlich der Heilige Geist den *»inwendigen Menschen«* bildet (2. Kor. 5,17) und täglich erneuert (2. Kor. 4,16), wobei der *»äußere Mensch«* mit seiner Seele und seinem Leib »aufgerieben« wird, d.h. der Vergänglichkeit unterworfen ist, wird von dem neuen Bewußtsein glatt übersehen. Der Hauptirrtum der Neuerer liegt in der Meinung, die Ganzheit des Menschen könne durch Integration des »natürlichen Menschen«, d.h. der Bereiche der Seele und ihrer Funktionen und des Leibes, vollzogen werden. Die Seele mit ihren unbewußten Tiefenbereichen ist aber nicht der Ort, an dem sich Gott offenbart. Das wird im nächsten Teil noch zu besprechen sein. Hier ist zunächst festzuhalten, daß das, was sich auf den ersten Blick als echte Alternative zur Intellektualisierung des Menschen anbot, nämlich die Berücksichtigung der Gefühlswelt, sich bei näherem Hinsehen als eine moderne Variante natürlicher Theologie humanistischer Prägung entpuppt. Das moderne Problem der »Verkopfung« besteht nicht im einseitigen Gebrauch des Denkens, sondern im einseitigen von Gott losgelösten und emanzipierten und damit von den Mächten der Finsternis beeinflußten Denken!

> »Sie sind in ihrem Denken in eitlen Wahn verfallen, und ihr unverständiges Herz wurde verfinstert. Da sie sich für weise hielten, sind sie zu Narren geworden und haben die Herrlichkeit des unvergänglichen Gottes vertauscht mit dem Bild vom vergänglichen Menschen.« (Röm. 1,21ff)

Die Alternative zur Verkopfung ist also nicht *»mehr Gefühl«,* sondern zunächst eine intellektuelle Metanoia, eine durch den Geist Gottes bewirkte Bekehrung des heidnischen Denkens. Diese Metanoia darf sich natürlich nicht auf den Kopf beschränken, sondern muß sich auch im Herzen, der Personmitte des Menschen, ereignen. Es darf also weder einen weltanschaulichen Standortwechsel auf der ausschließlich kognitiven Ebene geben, noch die häufig anzutreffende Konstellation eines frommen Herzens mit einem heidnischen Kopf.

Die vom Geist Gottes gewirkte Wiedergeburt geschieht radikal, d.h. im wahrsten Sinne des Wortes bis in die Wurzeln menschlicher Existenz greifend und ganz.

»Der Geist Gottes gibt Zeugnis *unserem Geist,* daß wir Gottes Kinder sind.« (Röm. 8,16)

Der Geist des Menschen ist nicht sein Denken, sondern das »Organ«, mit dem der Mensch in Beziehung zu Gott treten kann. Seine Denkfähigkeit gehört wie der Wille und die Gefühle zum Bereich der Seele. Daß auch dieser Bereich »geheiligt« werden soll, steht für das NT außer Frage.

»Der Gott des Friedens aber heilige euch völlig (ganz); und vollständig möge euer Geist und Seele (Denken, Fühlen, Wollen) und Leib untadelig bewahrt werden bei der Ankunft unseres Herrn Jesus Christus.« (1. Thess. 5,23)

Das Heil Gottes wird vom Geist des Menschen – nicht vom Verstand! – aufgenommen. Es verwirklicht sich in seinem Herzen, im inwendigen »neuen« Menschen. Natürlich kann Heilung auch am »äußeren Menschen« geschehen, also im Tiefenbereich der Seele genauso wie am Leib. Aber sie liegt auf einer zweiten Ebene im Sinn und Ziel der Schöpfung, die auch beim Wiedergeborenen vergeht. Heilungen auf dieser Ebene bleiben ohne Erlösung immer nur Verbesserungen innerhalb eines Zustandes, den das Neue Testament als Verlorenheit bezeichnet.

Die heutige Betonung des Gefühls als Ort der Religion bzw. Äußerung des religiösen Lebens ist nichts anderes als die Wiedereinführung idealistischen Denkens in den Raum der Gemeinde. Es erinnert stark an die idealistische Theologie, speziell Friedrich Schleiermachers (1768–1834). In seinem 1799 erschienenen Werk »Reden über die Religion« wollte er auch die rationalistische Engführung des Glaubens überwinden. Er führte in der Abwehr einseitig gebrauchter Vernunft aber nur in einen romantisierenden Idealismus. Religion ist für ihn »Anschauung und Gefühl«, »Anschauung des Universums«, »Sinn und Geschmack fürs Unendliche«, »das unmittelbare und ursprüngliche Sein Gottes in uns durch das Gefühl«. Religion, und im weiteren Sinn eben auch christlicher Glaube, stellt für ihn im Unterschied zu Metaphysik und Moral eine »eigene Provinz im Gemüt« dar, gibt dem Leben erst Ganzheit und Universalität und befreit es von Einseitigkeit und Verarmung, von subjektivistischer Verzerrung des Denkens und Schematisierung des Handelns.[23]

Beim heutigen Reden von Ganzheit wird wie ehedem bei den Idealisten unter den Theologen eine natürliche Theologie eingeführt, die mit dem Offenbarungsansatz der Bibel unvereinbar ist.

3. Auf der Suche nach dem Selbst

In seinem Buch »Die psychologische Gesellschaft« kommt Martin L. Gross zu der Feststellung:

»Nie zuvor hat sich ein allgemeines, philosophisches System so mit dem Selbst befaßt. ... Die Verlockung ist unwiderstehlich. Für den egozentrischen Menschen von heute ist die Aussicht, daß das SELBST anstelle von GOTT im Mittelpunkt eines philosophischen Weltsystems thront, über alle Maßen anziehend. Die Universitäten waren für die Verkündigung des neuen Evangeliums an Millionen Studenten von unschätzbarem Wert.«[24]

Die Entdeckung des menschlichen Selbst scheint für das neue Zeitalter die Entdeckung schlechthin gewesen zu sein. Auch hier war es C.G. Jung, der mit seinen Forschungen wesentlich dazu beigetragen hat, diesen Begriff in den »messianischen Adelsstand« zu erheben. Für Jung besteht »die Wirklichkeit der Seele«[25] aus zwei Bereichen: a) dem Bewußtsein, in dem der Mensch über seine volle Geistesgegenwart verfügt mit dem ICH als Zentrum, und b) dem anderen Teil der Persönlichkeit, der dem ICH nicht bewußt ist.

»Das Selbst ist eine dem bewußten ICH übergeordnete Größe. Es umfaßt nicht nur die bewußte, sondern auch die unbewußte Psyche und ist daher sozusagen eine Persönlichkeit, die wir *auch* sind ... Es besteht keine Hoffnung, daß wir je auch nur annähernde Bewußtheit des Selbst erreichen, denn, soviel wir auch bewußt machen mögen, immer wird noch eine unbestimmte und unbestimmbare Menge von Unbewußtem vorhanden sein, welches mit zur Totalität des Selbst gehört.«

»Das Selbst ist nicht nur der Mittelpunkt, sondern auch jener Umfang, der Bewußtsein und Unbewußtes einschließt, es ist das Zentrum dieser Totalität, wie das Ich das Bewußtseinszentrum ist.«

»Das Selbst ist auch das Ziel des Lebens, denn es ist der völligste Ausdruck der Schicksalskombination, die man Individuum nennt.«[26]

Ziel ist also die Selbstwerdung des Menschen. Ein Ganzer wird der Mensch aber erst, wenn er zum Selbst kommt, wenn er zur Einheit des Unbewußten mit dem Bewußten kommt, wenn sein Ich in den größeren Zusammenhang des Selbst integriert wird. Das Selbst ist also größer als das Ich. Es beschenkt das Ich, erweitert und vertieft die Persönlichkeit. Jung sagt dazu:

»Die menschliche Persönlichkeit ist an sich keine Ganzheit, wenn wir nur das Ich, das Bewußtsein in Betracht ziehen. Erst mit der Ergänzung durch das Unbewußte wird sie vollständig.«[27]

Auf diesem Hintergrund hat geradezu ein Boom in der Erforschung des Unbewußten eingesetzt. Ohne einen Blick in den Binnenbereich des Menschen, ein Bewußtmachen des in der Tiefe oft zugeschütteten Potentials an Bildern und Symbolen, sei an Selbst- und Ganzwerdung des Menschen überhaupt nicht zu denken. Deshalb werden ganz eindringlich »Wege nach innen« gewiesen, um die tiefenpsychologischen Grundmuster zu entdecken und für das eigene Leben bewußt zu machen. Denn ohne die Einbeziehung dieses in der aufgeklärten Gesellschaft vergessenen Binnenbereichs der Menschen könne es zu keinem ganzheitlichen Menschsein und Leben kommen. Aus diesem Grund werden von den Neuerern mannigfache Hilfen zur Selbsterfahrung, Traumdeutung, Körperwahrnehmung usw. angeboten.

Als *ein* Beispiel von unzähligen möge ein Angebot der »Arbeitsgemeinschaft Beratung – Therapie – Seelsorge«[28] dienen. In ihm werden die typischen Bereiche und Begriffe angezeigt, um die es bei der Individuation geht, z.B. »der Traum als Einstieg in das Unbewußte«, »der Traum als Führer für unsere Persönlichkeitsentwicklung«, oder: »Selbsterfahrung durch Gestalten mit Ton«, »Sich selbst erleben – durch Einfühlen, Formen, Bewußtwerden und Verarbeiten innerer Abläufe«, »Sich selbst erleben – durch Ausdruckgeben und Begreifen«. In einem anderen Workshop wird die »Kunst der Wahrnehmung unseres Körpers« eingeübt. Begründet wird dies damit, daß »der Zugang zu diesen Energien . . . uns helfen« kann, »die heilenden und verändernden Kräfte, *in uns* wiederzuentdecken«. Eine Ärztin will in einem weiteren Workshop zur »Leibtherapie« anleiten. »Die Botschaften und Signale meines Leibes annehmen, heißt, mich selber annehmen.« Es geht u. a. auch um die »meditative Begegnung mit unserem Leib« und das Entdecken der »heilenden Hilfe . . . in der Berührung des Leibes«. Die Erfahrung der Leiterin mit Akupressur und Zen-Meditation bildet den Hintergrund dieser Übungen. Die »Begegnung mit dem Ich in Bewegung und Tagtraum« steht im Mittelpunkt eines weiteren Seminars, in dessen Verlauf man sich »mittels Tanz« in seiner Beziehung zu sich selbst, zu anderen und zu seiner Umgebung besser kennenlernen kann.

Diese herausgegriffenen Beispiele geben einen Teil der Terminologie des neuen Bewußtseins wieder. Diesen, für viele Christen befremdenden Einzelaussagen liegt ein tiefenpsychologisches Anliegen zugrunde. Es meint, daß durch Beeinflussung und Veränderung unserer Persönlichkeitsstruktur, d. h. aber durch erweitertes Wahrnehmungsvermögen und Zulassung tiefenpsychologischer Signale Heilung und Ganzwerdung der Person möglich wird. In diesem Prozeß spielen *Träume* eine grundlegende Rolle. Sie sind Indikatoren des Unbewußten und zeigen latente Wünsche und Verdrängungen der Seele auf. »Wer sich aufmacht, sich selbst kennenzulernen und sich selbst zu begegnen, sollte auf die Träume achten, in denen er lebt und in denen er sich ausdrückt«, heißt es dementsprechend bei W. Becker.[29] Denn »beim Traum erleben wir *unverfälscht,* was sich in uns abspielt«.[30] Es steht für ihn fest, daß »die inneren Antriebe, die unbewußten Ängste und Wünsche, unsere Stimmen und Stimmungen«, die »Sprache der Bilder«, eine, »viel größere Rolle« spielen, »als die Eindrücke, die von außen auf uns zukommen.«[31]

Ähnlich urteilt Christa Meves[32] in Übereinstimmung mit den Vätern der Psychoanalyse:

> »Die Träume gleichen den Mitteilungen einer geheimen Heeresleitung, die ihre Nachrichten in einem bestimmten, verschlüsselten Geheimcode übermittelt. Die Gesetze dieser Geheimsprache zu entschlüsseln ist seit ihrer Wiederentdeckung durch Freud zu einem Hauptanliegen aller jener Ärzte geworden, die sich daran machten, die unbekannten Hintergründe seelischer Erkrankungen zu erforschen.«

Es geht aber bei der Traumdeutung noch um mehr als das Einordnen unbewußter Signale in den Bereich des Bewußtseins oder die Therapie krankhafter Persönlichkeitsbilder. Helmut Hark[33] weist auf die Sehnsucht moderner Menschen »nach dem Aufleuchten von Gottesbildern in der eigenen Seele« hin und erinnert dabei an den »Traum als Gottes vergessene Sprache«.

Besonders seit C.G. Jung wird die Begegnung mit dem archetypischen Symbolen im Seelengrund als eine »unmittelbare religiöse Erfahrung« selbst gedeutet. Jung schreibt:

> »Der Traum ist die kleine verborgene Tür im Innersten und Intimsten der Seele, welche sich in jene kosmische Urnacht öffnet, die Seele war, als es noch längst kein Ichbewußtsein gab, und welche Seele sein wird, weit über das hinaus, was ein Ichbewußtsein je wird erreichen können. Denn alles Ichbewußtsein ist vereinzelt, erkennt einzelnes, indem es trennt und unterscheidet, und gesehen wird nur, was sich auf dieses Ich beziehen kann. Das Ichbewußtsein besteht aus lauter Einschränkungen, auch wenn es an die fernsten Sternnebel reicht. Alles Bewußtsein trennt; im Traume aber treten wir in den tieferen, allgemeineren, wahreren, ewigeren Menschen ein, der noch im Dämmern der anfänglichen Nacht steht, wo er noch das Ganze, und das Ganze in ihm war, in der unterschiedslosen, aller Ichhaftigkeit baren Natur. Aus dieser allverbindenden Tiefe stammt der Traum, und sei er noch so kindisch, so grotesk, noch so unmoralisch.«[34]

Es gehe im Traum also um echte Wirklichkeit, keinesfalls um fiktive, den Menschen täuschende Bilder.

»Träume sind keine beabsichtigten und willkürlichen Erfindungen, sondern natürliche Phänomene, die nichts anderes sind, als was sie eben darstellen. Sie täuschen nicht, sie lügen nicht, sie verdrehen und vertuschen nicht, sondern verkünden naiv das, was sie sind und meinen. Sie sind nur darum ärgerlich und irreführend, weil wir sie nicht verstehen.«[35]

Den Träumen werden geradezu göttliche Qualitäten zugemessen.

»Es wäre eine Blasphemie zu behaupten, daß Gott sich überall offenbaren könne, nur gerade nicht in der menschlichen Seele. Ja, die Innigkeit der Beziehung zwischen Gott und Seele schließt jede Minderbewertung der Seele von vornherein aus. Es ist vielleicht zu weit gegangen; aber auf alle Fälle muß die Seele eine Beziehungsmöglichkeit, d.h. eine Entsprechung zum Wesen Gottes in sich haben, sonst könnte ein Zusammenhang nie zustande kommen. Diese Entsprechung ist, *psychologisch formuliert, der Archetypus des Gottesbildes.«*[36]

Nach diesen Kronzeugen des neuen Bewußtseins kennt die menschliche Seele eine eigenständige natürliche Religiosität. Sie sei angefüllt mit einer archetypischen Bilderwelt und »naturaliter religiosa«. Der innere Weg der Wahrnehmung, des Ergreifens des kollektiven Unbewußten, sei eine religiöse Urerfahrung im Prozeß der Individuation. Dasselbe sagt mit eigenen Worten der Psychoanalytiker James Hillmann:

Je tiefer man in das eigentliche Wesenhafte seiner selbst eindringt, desto mehr fühlt man, daß persönliche Probleme eine allgemein menschliche Dimension annehmen und daß im wesentlichen Wahrheiten in bezug auf einen selbst allgemeingültig werden. Man hat den Eindruck, daß die Tiefenanalyse zu einer seltsamen, dunklen Mitte hinführt, wo es *schwierig wird, das Unbewußte von der Seele und vom Bild Gottes zu unterscheiden.*

Die Seele ist so verflochten mit dem Unbewußten, und die Probleme der Religion sind so lebenswichtig für die Seele, daß wir, ob wir wollen oder nicht, *zu Aussagen über Gott kommen, einfach weil wir Zeugen der bestürzenden Entdeckung seines Seins innerhalb einer Analyse werden.«*[37]

Christa Meves resümiert diesen Sachverhalt so:

»Wo Gefühle gepflegt werden, kommt es *immer* zum Bewußtwerden von religiösen Bedürfnissen und religiösen Erlebnissen. Das ist eine Erfahrung, die sich in der tiefenpsychologischen Arbeit auf die Dauer nur sehr schwer verleugnen läßt.«[38]

Der Weg nach innen in die Bereiche der Gefühle und des Unbewußten wird also als religiöser Weg gesehen und bekommt von daher seine grundlegende Bedeutung! Besonders dem »verkopften Menschen« unserer Tage wird er als Weg »zu stabiler seelischer Gesundheit«[39] aufgezeigt. Geradezu leidenschaftlich wird darauf gedrungen, diese »innere Steuerung« ja nicht zu überhören, denn gerade diese »mit der Person und der Struktur ihrer Psyche gesetzte innere Nötigung« mache schließlich den Menschen zu dem, »was er letztmöglich sein kann«.[40]

Hanna Wolff identifiziert diesen »Gang nach Innen« mit der Umkehr des verlorenen Sohnes in Lukas 15, der »den Mut zur Selbstbegegnung aufgebracht« habe.[41] Überhaupt sei »diese Selbstbegegnung ... allemal das Tor zur positiven Selbstentwicklung.«[42] Das Unbewußte nennt sie in diesem Prozeß »einen *unbestechlichen* Helfer.«[43] Und weil dem so ist, haben Analytiker »lediglich eines immer wieder und ausschließlich eines zu tun: ... sie haben der *Selbstaussprache* der Psyche zu folgen, die jeweils ihren eigenen Gang geht.«[44]

Auf diesem Hintergrund wird nun auch besser verständlich, was U. Schaffer mit dem »stillen Punkt in uns« meint, den er sucht. »Der Weg zu Gott wird als Weg zur eigenen Seele beschrieben.«[45]

Der alte Weg der Mystik wird neu begangen: im Einswerden mit dem eigenen Selbst hofft man zur mystischen Einheit mit Gott zu gelangen. Im Rückzug auf das Selbst wird die Heimat gesucht, »der stille Punkt in uns«, wo wir zur Ruhe kommen.

> »Ich werde mir Heimat ...
> Ich komme an
> wo ich schon immer war,
> ohne es gewußt zu haben.«[46]

Daß diese Art des Denkens typisch für den New-Age-Ansatz ist, scheinen bis jetzt wenige zu erkennen. Friedrich Kroeger, ein Vertreter dieser Bewegung, schreibt:

> »Wenn man einmal das grundlegende Gemeinsame aller meditativen Methoden und Lebensformen herausschält, darf man als verbindendes Element die Suche nach einer Einigung des Menschen mit seinem »Selbst«, mit dem Nirwana oder auch mit Gott ansehen. Letztlich geht es um die Aufhebung der Subjekt/Objekt-Spannung, oder, um es theologisch zu formulieren, um die Erlangung der unio mystica. Auch das Trachten der christlichen Mystiker war, so gesehen, letztlich nichts anderes als der kühne und oft mit hohen Kirchenstrafen verbundene Versuch, den absoluten Dualismus, auch den Dualismus Geist-Fleisch oder auch Gott-Mensch zu überwinden.«[47]

Spätestens hier wird nun deutlich, daß es bei der Beschäftigung mit dem Selbst und den Träumen nicht nur um die Deutung der Signale des eigenen Unbewußten geht, sondern um mehr. Jung sieht in der

»Beziehung von Gott und Seele« ein »Verwandtschaftsverhältnis«, in der Weise, daß Gott sich in der Seele offenbare. Der Schauplatz der Gottesoffenbarung wird in die Tiefe der menschlichen Seele verlagert! Dies zu ignorieren, führe zu einem falschen Gottesverständnis.[48] Gottes Existenz lasse sich in der Analyse der Seele nachweisen.

Diese Aussagen stimmen mit dem Zeugnis biblischer Offenbarung nicht überein. Sie setzen eine schöpfungsmäßige Unversehrtheit des menschlichen Erkennens voraus, die nach dem biblischen Zeugnis nicht aufrecht erhalten werden kann. Es wird die Tatsache übersehen,

> »daß überall, wo der Mensch versucht hat, von sich aus, aufgrund dessen, was ihm als einem Geschaffenen unter Geschaffenen zur Verfügung steht, Gott zu erkennen, er sein Ziel verfehlt hat. Die natürliche Gotteserkenntnis ist tatsächlich keine Erkenntnis des wahren Gottes, sondern immer ein unentwirrbares Gemisch von wahrer Erkenntnis und Kreaturvergötterung. Der sündige Mensch kann es nicht unterlassen, die Hinweise der Schöpfung auf den Schöpfer falsch ... zu deuten. Sein inneres Auge ist nicht ein klarer Spiegel, in dem sich Gottes Schöpfungsoffenbarung in ihrer Wahrheit spiegelt, sondern ein durch sündige Angst und sündigen Hochmut, sündigen Optimismus und sündigen Pessimismus getrübtes Auge.«[49]

Diesem Aspekt wollen wir im übernächsten Abschnitt weiter nachgehen. Doch zuvor muß noch die Frage nach dem Bösen schärfer gestellt werden.

4. Sünde oder Schatten? Die Frage nach dem Bösen

Es geht jetzt um die Frage, ob der natürliche Mensch vollständig durch die Sünde beeinflußt ist, oder ob es tief innen Bereiche der Natur gibt, an die Gott in seinem Heilshandeln anknüpfen kann. Anders gesagt: Ob Natur und Gnade zwei durch die Sündenwirklichkeit total getrennte Bereiche sind, oder ob es zwischen ihnen eine Analogie in der Weise gibt, daß die zum Heil führende Gnade einfach die Natur vollendet.

Diese Terminologie wird von dem neuen Bewußtsein natürlich nicht gebraucht, weil es sich vornehmlich in ganz anderen, eben meist humanwissenschaftlichen Kategorien bewegt. In der Sache geht es aber exakt um diesen Punkt, an dem sich humanistisch-idealistisches (auch katholisches!) Denken zutiefst vom biblisch-reformatorisch-heilsgeschichtlichen unterscheidet.

Erich Fromm nennt die Kontroverse zwischen diesen beiden Auffassungen »eines der Hauptthemen abendländischen Denkens«[50]. Sie habe sich im Laufe der Geschichte, von Sokrates und dem Alten Testament angefangen, über Pelagius und Augustin bis hin zur modernen Zeit seit Freud zu einem dualistischen Standpunkt entwikkelt. Diese dualistische Theorie läßt Raum für das Gute im Menschen, erklärt aber auch seine gewaltige Fähigkeit zur Destruktion, zum Bösen. Beide Kräfte, die guten wie die bösen, gehören in gleichen Anteilen zur Grundausstattung des Menschen.

Fromm löst sich von dieser Theorie und kommt zu der Auffassung, daß »sich der Grad der Destruktivität proportional zu dem Ausmaß, in dem die Entfaltung der menschlichen Möglichkeiten blockiert ist«, verhalte.

> »Die Destruktivität ist die Folge ungelebten Lebens. Die individuellen und gesellschaftlichen Bedingungen, die eine solche Blokkierung der lebensfördernden Energie bewirken, bringen die Destruktivität hervor, die ihrerseits zur Quelle der verschiedensten Manifestationen des Bösen wird.«[51]

Das heißt aber nichts anderes als zu behaupten, daß der Mensch nicht notwendig böse sei, sondern nur dann böse werde, wenn die für sein Wachstum und seine Entwicklung geeigneten Bedingungen fehlen. Genau dies tun die Vertreter des neuen christlichen Bewußtseins.

Im gesamten Einzugsbereich des christlich-humanistischen Bewußtseins wird grundsätzlich die völlige Sündhaftigkeit der menschlichen Natur geleugnet. Es wird ein eindimensionales Menschenbild entworfen, in dem Böses und Gutes, Finsteres und Helles, Natürliches und Göttliches in einem evolvierenden Prozeß integrativ zur Vollkommenheit gelangen sollen und können. Dies sei das höchste Ziel des Wandlungsprozesses, zu dem Jesus uns in den Evangelien aufgefordert habe.[52]

Wilhard Becker betont in Übereinstimmung mit Fromm:

> »Ich gehe von der Voraussetzung aus, daß es nur *eine* Wirklichkeit gibt, zu der alles gehört: Leib, Seele und Geist – Himmel und Erde – Natur und Geist Gottes.«[53]

In diesem Verstehenskonzept wird das Böse als Teil der menschlichen Natur gesehen, dessen »sinnvolle Funktion« man wahrzunehmen habe. Schuldgefühle seien zwar berechtigt, weil sie Indikatoren eines nicht integrierten Leben seien, man dürfe sie daher nicht einfach verdrängen. Der erste Schritt zur Heilung bestehe »im Verstehen und Annehmen unserer Natur«. Dann fänden sich auch immer Menschen, die hilfreich und verständnisvoll den weiteren Weg begleiten können. »Erlösung von Schuld« wird weiterhin im rein zwischen menschlichen Bereich angesiedelt, innerhalb dessen der Therapeut im »Geist der Liebe« zum Annehmen der Schuld helfend beiträgt.

Sünde wird als Schattenteil der menschlichen Natur gesehen, den man notwendigerweise zum Leben brauche, mit dem man aber sinnvoll umgehen lernen müsse.[54]

Aus dem Wahrnehmen und Annehmen dieses Schattens, aus diesem »Mut zur Selbstbegegnung« entstehe ein »Tor zur positiven Selbstentwicklung«. Im Annehmen des Schattens wüchsen Heilung und Liebesfähigkeit, nicht in der Projektion derselben auf andere! »Ob nicht sogar unsere Vorstellung von der Ewigkeit mit den Gegensatzpolen ›Hölle‹ und ›Himmel‹ – hier die guten, dort die Bösen – eine ins Unendliche projizierte Sündenbockproblematik ist?« fragt Becker.[55]

Sünde im biblischen Sinn, d.h. Feindschaft gegen Gott, Auflehnung gegen Seine Herrschaft, Autonomiestreben des Menschen, gibt es im christlich-humanistischen Bewußtsein nicht mehr. Das sei eine Verengung auf den schmalen Sektor moralischen Versagens vor Gott. Statt dessen müsse ein »erweiterter Sündenbegriff« (W. Bekker) akzeptiert werden. Becker konstatiert:

> »Sünde ist keine moralische Kategorie, sondern betrifft alles, was das Leben in seiner Entfaltung und Verwirklichung hemmt und hindert.«[56]

Damit befindet er sich auf der alten humanistischen Linie, wie sie E. Fromm in unserer Zeit wieder aufgezeigt hat. Sünde hat nichts mehr mit den von Gott gesetzten Kategorien von Gut und Böse zu tun, ist kein Verstoß gegen Gottes Gebot (vgl. 1. Joh. 3,4: »Die Sünde ist die Gesetzlosigkeit«), sondern wird als rein psychologische Kategorie im Rahmen des Individuationsprozesses gesehen. Deshalb verliert sie ihre Schrecken. »Gott, ich danke Dir für die Freiheit zu sündigen«, sagt entsprechend U. Schaffer.[57]

Demgegenüber muß die biblische Wahrheit über den gefallenen Menschen wieder neu und klar verkündet werden. Der Mensch ist nach biblischer Auffassung niemals für sich allein existent, wie es im humanistischen Denken behauptet wird. Seine Bestimmung ist eben nicht, »er selbst zu sein«, und die Voraussetzung dafür ist nicht, »daß der Mensch Selbstzweck sein kann«.[58]

Die Bestimmung des Menschen ist nach biblischem Zeugnis zuerst und zuletzt, zur *Ehre Gottes da zu sein!* Er ist auf Gott hin angelegt, zu Ihm hin erschaffen worden im Bilde Gottes (1. Mose 1,27) und in einen Stand würdevoller Entscheidungs- und Willensfreiheit gesetzt worden. Als Ansprechwesen Gottes kann er Ihm Antwort geben, d.h. er ist Gott ver-antwort-lich, und zwar in allem. Durch das bewußte Auflehnen gegen Gottes Autorität fiel der Mensch total in Sünde. Seine Gottesebenbildlichkeit verlor er im Blick auf ihre »materiale« Seite hin völlig, im Blick auf die »formale« Seite behielt er sie.[59] Er blieb auch nach dem Fall Mensch mit seinen auf den geschöpflichen Bereich bezogenen gottgeschenkten Fähigkeiten und Möglichkeiten. Im Verhältnis zu Gott aber fiel er in einen Stand völliger Unfähigkeit, die Herrlichkeit Gottes je von sich aus wieder zu erlangen (Röm. 3,22f).

Der Sündenfall des ersten Menschen Adam betraf nun nicht allein seine eigene Existenz. Gott rechnet den Nachkommen Adams dessen Sünde zu. Es bedarf nicht erst eines eigenen Sündenfalls, damit sie auch Sünder werden. Vielmehr befinden sie sich schon immer im Macht- und Herrschaftsbereich der Sünde (Röm. 5,12f). Sie werden als Sünder geboren (Ps. 51,7), von Natur stehen sie unter Gottes Zorn (Eph. 2,3). Die Sünde zeigt sich in allen Persönlichkeits- und Lebensbereichen: der Intellekt (2. Kor. 4,4; Röm. 1,28), das Gewissen (1. Tim. 4,2), der Wille (Röm. 1,28), das Herz (Eph. 4,18) sind von der Sünde verfinstert. Das gilt für alle Menschen: »Sie sind alle unter der Sünde« (Röm. 3,9).

> »Alle sind abgewichen, sie taugen alle zusammen nichts; es ist keiner, der Gutes tut, auch nicht einer!« (Röm. 3,12)

Die Sünde steht wie eine Scheidewand zwischen den Menschen und Gott (Jes. 59,2). Verantwortlich für diese Entzweiung ist nicht Gott, sondern der Mensch. Er ist schuldig! Hoffnungslos! Er kann sich nicht selbst erlösen. Die einzige Chance bietet Gott selbst:

> »Also hat Gott die Welt geliebt, daß Er Seinen einzigen Sohn sandte, damit jeder, der an Ihn glaubt, nicht verloren gehe, sondern ewiges Leben habe . . . Wer aber dem Sohn nicht glaubt, wird das Leben nicht sehen, sondern der Zorn Gottes bleibt auf ihm!« (Joh. 3,16.36)

Frei von Sünde wird der Mensch nicht durch Annahme des eigenen Schattens oder der Schuldgefühle, sondern durch das konkrete *Bekennen* der Schuld und das gläubige Annehmen der göttlichen Vergebung in Christus.

> »Durch *Seine* Wunden seid ihr heil geworden« (1. Petr. 2,24).
> »Wenn *wir* aber unsere Sünden bekennen, so ist Er treu und gerecht, daß Er uns die Sünden vergibt und reinigt uns von aller Ungerechtigkeit« (1. Joh. 1,9).

Die Lösung der Schuldfrage ist also nie und nimmer ein innerhalb meiner psychischen oder natürlich-religiösen Existenz sich ereignender Vorgang, sondern vollzieht sich allein im Glauben an das Versöhnungswerk Jesu Christi am Kreuz auf Golgatha. Außerhalb meiner selbst wurde durch das Lamm Gottes meine Erlösung vollbracht. Dieses heilsgeschichtliche Faktum ist Grundlage meiner Befreiung von den Finsternismächten der Sünde und des Todes. Indem ich dieses stellvertretende Opfer Jesu für mich glaubend in Anspruch nehme, vollzieht sich die existenzielle Entsündigung, d. h. ich erfahre echte Vergebung.

Ich kann mir meine Schuld nicht selbst vergeben, indem ich sie annehme und sinnvoll damit umgehe. Sie kann mir auch nicht durch einen Therapeuten oder irgendeinen anderen Menschen, selbst einen Geistlichen, nicht vergeben werden, sondern nur von Gott. Er allein kann aufgrund des Sühnopfers Seines Sohnes Sünde und Schuld tilgen.

> Jes. 43,25: »Ich, ich tilge deine Übertretung um meinetwillen und gedenke deiner Sünden nimmermehr.« Jes. 44,22: »Ich vertilge deine Übertretungen wie eine Wolke und deine Sünden wie den Nebel.«

In der von außen an mich ergehenden Verheißung Gottes liegt die tiefe Gewißheit der Vergebung und der Erlösung von meiner Schuld, nicht in der Selbstvergebung und der Beschäftigung mit meinem Unbewußten. Wie befreiend, wie wohltuend und stärkend, wie aufbauend ist dieser *außerhalb* meiner Möglichkeiten stehende Heilsakt Gottes! Jubelnder Lobpreis und Anbetung Gottes sind die Folge davon.

Noch ein weiterer Aspekt ist in diesem Zusammenhang wichtig: nämlich die Frage nach dem Stellenwert und der Zuverlässigkeit richtiger Selbsterkenntnis.

5. »Erkenne dich selbst!« oder: »Erforsche mich, Gott!«

Es ist ein »größenwahnsinniges Versprechen, den Menschen ganzheitlich erkennen und behandeln zu können« (Jörg Bopp). Wie kann es zu zwei so unterschiedlichen, sich einander ausschließenden Betrachtungsweisen des Menschen überhaupt kommen? Der Grund liegt in den verschiedenen Erkenntniszugängen. Das griechisch-humanistische Erkenntnisideal heißt: »Erkenne dich selbst!«, das biblische Prinzip: »Erforsche mich, Gott!«

Der heidnische Zugang zu sich selbst wird auf dem direkten Weg des Erkennens gesucht. Dabei geht man von der Annahme aus, objektive Wahrheit über sich und den Menschen schlechthin finden zu können. Die psychoanalytische Durchdringung der Beziehungsfelder und Verhaltensweisen führe zu Erkenntnissen, die die gesamte Lebensgestaltung verändern können. Im Mut zur Selbstbegegnung – und das schließt den Schatten der eigenen Persönlichkeit mit ein –

liege der Schlüssel zur wahren Selbsterkenntnis und Befreiung. Das Böse wird als »Folge ungelebten Lebens«[60] bezeichnet. Somit könne der Mensch grundsätzlich erkennen, was gut ist, und aufgrund seiner natürlichen Fähigkeiten und seiner Vernunft demgemäß handeln. Das Gute sei freilich nicht immer gleich sichtbar und müsse deshalb im Deuten tiefenpsychischer Signale, besonders der Träume und des Unbewußten, dechiffriert werden. Die Botschaften dieser Impulse seien unbestechlich und richtig.

Demgegenüber wird im biblischen Offenbarungszeugnis ein völlig anderer Erkenntnisweg beschrieben. Hier erkennt sich der Mensch nicht in seiner Selbstbegegnung, sondern in der Gottesbegegnung! Echte, tiefe Selbsterkenntnis, die das Dunkle in ihm aufhellt, geschieht nur im Licht Gottes. Umgekehrt entsteht echte, tiefe Gotteserkenntnis nicht ohne die vom Geist Gottes gewirkte Selbsterkenntnis. In der Begegnung mit dem heiligen Gott erkennt sich der Mensch in seiner totalen Sündhaftigkeit und Todesverfallenheit. »Die Furcht des HERRN ist der Anfang der Erkenntnis« (Spr. 1,7). Ob es sich um Mose handelt, der, als Jahwe ihm im Busch begegnet, sich fürchtet, Gott anzuschauen (2. Mose 3,6), oder um Jesaja, der, überwältigt von der Herrlichkeit und Heiligkeit Gottes ausruft: »Wehe mir, ich vergehe! Denn ich bin ein Mann unreiner Lippen!« (Jes. 6,5) Ob die Hirten auf den Feldern Bethlehems sich angesichts der Herrlichkeit der himmlischen Heerscharen »mit großer Furcht fürchten« (Luk. 2,9) oder ob Petrus in der Begegnung mit Jesus nach dem gewaltigen Fischzug ein Schrecken ankam (Luk. 5,9) – immer folgt auf die Erkenntnis der Heiligkeit und Herrlichkeit Gottes die Selbsterkenntnis des Menschen: »Gehe von mir hinaus, denn ich bin ein sündiger Mensch!« (Luk. 5,8)

Es ist dies also nicht »das Dogma von der angeborenen natürlichen Schlechtigkeit des Menschen«[61], sondern die durchgängig biblisch bezeugte und heute durch den Geist Gottes noch genauso gewirkte persönliche Erfahrung von Menschen, die dem lebendigen Gott begegnen. Freilich ist die Intensität dieser Erfahrung individuell verschieden. Sie ist mit der Bekehrung nicht abgeschlossen, sondern ein Merkmal des Gläubigen, der sich mit einmal gewonnenen Erkenntnissen nicht zufriedengibt.

Das lebendige Zeugnis eines im Erkenntnisprozeß auf Gott angewiesenen Gläubigen ist Psalm 139. In diesem Gebet heißt es:

> »Herr, Du erforschst mich und erkennst mich! Ich sitze oder stehe, so weißt DU es; DU merkst meine Gedanken von ferne ... DU bist vertraut mit allen meinen Wegen; ja, es ist kein Wort auf meiner Zunge, das DU, HErr, nicht völlig wüßtest! ... Erforsche mich, Gott, und erkenne mein Herz, prüfe mich und erkenne, wie

ich's meine; und sieh, ob ich auf bösem Weg bin, und leite mich auf ewigem Wege!«

Hier wird die Blickrichtung eines gläubigen Menschen deutlich: zu Gott hin, und zwar in einer persönlichen Abhängigkeitsbeziehung. *Gott-orientiert ist der Beter, nicht Selbst-orientiert,* obwohl es ihm um Selbsterkenntnis geht. Vom Geist Gottes (V. 7) will er sich »erforschen« lassen, nicht vom durch Sünde und Lüge beeinflußten Menschengeist. Der HErr muß ihn besser kennen, als er sich selbst erkennt, denn Er hat ihn wunderbar gemacht (V. 14), »im Verborgenen«, »tief unten«. Deshalb kennt Gott alle Tiefen seiner Gedanken und seiner Seele. Daß Gott alle seine Gedanken »von ferne« weiß, jedes »Wort auf meiner Zunge«, ist für ihn nicht beängstigend, sondern ermutigend. »Von allen Seiten umgibst DU mich und hältst Deine Hand über mir. Diese Erkenntnis ist mir zu wunderbar.« (V. 6)

Inhaltlich folgt erst im *Gericht* der eigenen Selbsterkenntnis vor Gott die *Gnade* der barmherzigen Zuwendung Gottes in Liebe: »Fürchte dich nicht!« Das Evangelium von der Gnade Gottes ist ohne das Gericht über die Sünde überhaupt nicht denkbar. Die frohe Botschaft von der Zusage dieses Gnadenhandelns in Christus wird ohne die Erfahrung der Selbsterkenntnis totaler Sündhaftigkeit und Verlorenheit nicht wahrhaft erlebt. Nur wer sich in der eigenen abgrundtiefen Sündhaftigkeit erkannt hat, kann die Größe der Gnade Gottes preisen, die er nicht versteht. »Wo das Maß der Sünde voll geworden ist, da ist die Gnade überfließend geworden« (Röm. 5.20). Wem viel vergeben worden ist, der liebt viel (Luk. 7,47). Deshalb können nur die geistlich Bettelarmen den Reichtum der Gnade Gottes erkennen. Deshalb rühmen sich die Apostel in 2. Kor. 6,10 »als die nichts haben und doch alles besitzen«. Wer seine totale Armut in geistlichen Dingen anerkennt, seine absolute Unfähigkeit, auch nur die kleinste Leistung im Reich Gottes von sich aus zu erbringen, wer in dieser seiner Armut mit den Worten »Nichts hab ich zu bringen« zum Heiland kommt, *dem* wird aus der Fülle Gottes Gnade um Gnade *gegeben,* der empfängt alles, was er braucht in Christus, so daß er den Segen kaum fassen kann. Wer seine eigene Schwäche anerkennt, darf in der Stärke Gottes leben.

Hier liegt, wie bereits oben erwähnt, der Grund, warum das christlich-humane Selbstbewußtsein niemals zur echten Anbetung Gottes führen kann. Es ist zu selbst-orientiert, zu stark fixiert auf die Entfaltung der eigenen Gaben und Möglichkeiten. Der geistlich Arme ist Gott-orientiert. Er kann nur staunen über die Gnade Gottes, die ihn trotz seiner Schlechtigkeit erneuert und vollendet. Deshalb betet er:

»DEIN Name werde geheiligt.
DEIN Reich komme.
DEIN Wille geschehe.« (Matth. 6,9f)

Im Zerbruch des eigenen ICH erfährt der Gläubige die heilsame Erneuerung Gottes.

»Der HErr tötet *und* macht lebendig;
er stürzt ins Totenreich *und* führt herauf!
Der HErr macht arm *und* reich;
Er erniedrigt, *aber* Er erhöht auch!
Er hebt den Geringen aus dem Staub
und erhöht den Armen aus dem Kot,
daß Er sie setze unter die Fürsten und sie
den Thron der Ehren erben lasse.« (1. Sam. 2,6–8)

Das ist der Weg, auf dem Gott in Gericht und Gnade wirkt. Wer dies im eigenen Leibe erfahren hat, kann nicht anders, als diesen HErrn anzubeten und zu rühmen. Jesus preist die Bettelarmen im Geist glücklich und verwirft die in sich Reichen. Er tröstet die über ihre Sünde Trauernden und droht den sich selbst Tröstenden das Gericht an. Er stärkt die Schwachen und schwächt die Starken, heilt die Kranken und läßt die Gesunden in ihrer Krankheit zum Tode. Wer in Seiner Sündennot zu Ihm kommt, den stößt Er nicht hinaus; wer sich Ihm kraft- und tatenbewußt anbietet, kommt bei Ihm nicht an.

Das neue christliche Selbstbewußtsein erweist sich auch an diesem zentralen Punkt als unbiblisch, weil es die Erlösung anstelle von Christus selbst schaffen und die Verwirklichung des Lebens im direkten Zugriff auf die eigenen Möglichkeiten erreichen will.

6. Das Problem der Selbstverwirklichung

Die in den letzten Jahren entstandene Selbst-Terminologie ist mit einem derart hohen Anspruch propagiert worden, daß sie von der Gemeinde erstaunlich schnell und unkritisch übernommen wurde. Verunsicherung und Spaltung in leidenschaftliche Befürworter und Ablehner der Selbstverwirklichungsthematik waren die Folge. Selbstfindung, Selbstannahme, Selbsterfahrung, Selbstliebe, Selbstverwirklichung, um nur die wichtigsten Begriffe zu nennen, sind Ausdruck einer Hochkonjunktur der Beschäftigung mit dem Selbst geworden. Endlich schien man die Hilfe für die Defizite geistlicher Lebensgestaltung gefunden zu haben.

Und zunächst schien es so, als könne man Erfolgsmeldungen buchen. Christen mit einem gestörten Verhältnis zu sich selbst als Folge einer übersteigerten, rein fordernden und damit gesetzlichen Frömmigkeit atmeten auf, auch ihre Geschöpflichkeit als von Gott gegeben nun endlich annehmen zu können. Prediger des Evangeliums wurden durch pastoral-psychologische Reflexionen selbstkritischer im Blick auf die Verabsolutierung ihrer theologischen Erkenntnisse. Seelsorger erkannten, daß in der Beratung nicht nur das biblische Wissen und die Hilfestellung zur Umsetzung in das richtige Tun wichtig waren, sondern auch ihre eigene Sensibilität.

Das Bemühen um differenzierte Wahrnehmung des Hilfesuchenden, gerade auch auf der non-verbalen Ebene, sowie der eigenen Gefühls- und Erlebniswelt führten zur Achtung und Wertschätzung des anderen, woraus wesentliche Voraussetzungen zu einer fruchtbaren Seelsorge erwuchsen.

Handelt es sich bei diesem Anliegen um das richtige, differenzierte Einordnen des »SELBST«, d. h. aber auch der unbewußten Persönlichkeitsanteile, in den Kontext geistlichen Lebens, so ist dagegen nichts einzuwenden. Denn einseitige, die anderen Aspekte des Menschseins bewußt oder unbewußt ausschließende Kategorien führen natürlich nicht zum Ziel.

Wenn nun aber doch zu dieser Thematik kritische Anmerkungen gemacht werden müssen, dann aus folgenden Gründen: Leider ist es ja mit dem Selbstverwirklichungsanliegen nicht bei einem dienenden Beitrag zur Seelsorge geblieben, sondern die Thematik hat sich zu einem alle anderen theologischen Anliegen dominierenden Trend entwickelt, der beängstigende Züge angenommen hat. Die Selbst-Kategorie ist zu einem neuen Paradigma des praktisch-theologischen und gemeindlichen Bereichs geworden. Fast jedes ethische oder geistlich-persönliche Problem wird nun anhand dieser Grammatik durchkonjugiert. Theologische Fragen bezüglich geistlichen Wachstums oder missionarisch-diakonischen Engagements werden häufig durch dieses neue psychologische Raster umstrukturiert.

Pastoren, die sich diesem neuen Bewußtsein verschrieben haben, bringen Gemeinden durch Vereinseitigungen bis in Existenzkrisen hinein. Weiterhin führt bei nicht wenigen Gemeindegliedern die flüchtige Begegnung mit der Selbst-Thematik zu einem das geistliche Gewissen durch »theologische Befürworter« beruhigenden Egoismus, der nur narzißtisch genannt werden kann. Dabei werden häufig geistliche und ethische Grenzen aufgelöst. Kriterium für derartiges Verhalten ist die lapidare Feststellung: »Das bringt mir nichts«, oder: »Es ist meiner Selbstwerdung hinderlich«. Spätestens hier muß gefragt werden, was es mit der Selbstverwirklichung auf sich hat, warum es zu solch geistlich entartenden Auswüchsen kommen kann. Dabei wird es hilfreich sein, den »Sitz im Leben« der modernen Selbstverwirklichungsideologie aufzuzeigen.

Friso Melzer weist darauf hin[62], daß das Wort Selbstverwirklichung eine Lehnübersetzung des englischen »self-realization« ist.[63] Dies Wort wiederum stammt aus dem modernen Hinduismus. Vivekananda (1862–1902) prägte den Satz:

> »Der Mensch soll dadurch göttlich werden, daß er das Göttliche verwirklicht.«[64]

Das Göttliche, das verwirklicht werden soll, ist »atman« – in westlicher Sprache: das reine Sein, das in, hinter und über jedem Menschen waltet. Dieses Wort »atman« wurde fälschlich mit dem englischen »self« übersetzt.

> »In der deutschen Literatur findet sich das Wort ›Selbstverwirklichung‹ in der Bildungssprache unseres Jahrhunderts dort vor, wo östlicher Geist bei uns Eingang gefunden hat.«[65]

Das ist vor allem bei C.G. Jung und E. Fromm der Fall. Besonders die Veröffentlichungen des letzteren führten zu einer starken Ausprägung der Selbstliebe- und der Selbstverwirklichungsthematik. Im folgenden soll der humanistische Ansatz dargestellt und anhand der biblischen Aussagen geprüft werden.

Das Grundanliegen des humanistischen Ansatzes, wie ihn z.B. E. Fromm vor allem in seinen Büchern »Furcht vor der Freiheit« (1941), »Psychoanalyse und Ethik« (1954), »Die Kunst des Liebens« (1956) und »Die Seele des Menschen« (1964) entwickelt hat, besteht in der Auffassung – und damit befindet er sich nach eigenen Worten in »der großen Tradition der humanistischen Ethik« –, daß es »die Bestimmung des Menschen ist, *er selbst* zu sein, und die Voraussetzung dafür sei, daß der Mensch *Selbstzweck* sein kann« (man for himself).[66] Danach liegen die Normen für eine sittliche Lebensführung in der Natur des Menschen selbst. Das Böse ist keine von Natur aus dem Menschen innewohnende Kraft, sondern letztlich »Gleichgültigkeit gegen das eigene Selbst und deshalb Selbst-Verstümmelung«. Aus diesem Grund sind »die höchsten Werte der humanistischen Ethik ... nicht die Selbstaufgabe oder Selbstsucht, sondern Selbst-Liebe, nicht die Verleugnung des individuellen Selbst, sondern die Bejahung des wahrhaft menschlichen Selbst«.[67]

Um nach seiner Selbstbestimmung leben zu können, muß der Mensch »sich selbst und die Fähigkeit seiner Natur zum Guten und zur Produktivität kennen«[68]. Die Misere der modernen Menschen und ihrer Kultur bestehe nicht darin, daß sie sich »zu sehr mit ihren Selbstinteressen beschäftigen, sondern daß sie sich nicht genug mit den Interessen ihres wahren Ichs beschäftigen; nicht darin, daß sie zu selbstsüchtig sind, sondern daß sie sich selbst nicht genug lieben«[69]. Das sei aber eine Folge des »Dogmas von der angeborenen natürlichen Schlechtigkeit des Menschen«, wie es besonders bei Luther und Calvin ausgeprägt sei und in der Folgezeit die moderne Gesellschaft des Abendlandes beeinflußt habe.[70]

Fromm wird nicht müde, immer wieder zu betonen, daß dies Dogma von der Sündhaftigkeit der Entwicklung des Menschen ganz hinderlich und deshalb zu überwinden sei. Der Mensch sei nicht abhängig von anderen, auch nicht von transzendenten Autoritäten (also von Gott!), sondern er müsse »die Verantwortung für sich selbst akzeptieren und sich damit abfinden, daß er seinem Leben nur durch die Entfaltung seiner eigenen Kräfte Sinn geben kann. Sieht er der Wahrheit furchtlos ins Auge, dann erfaßt er, daß *sein Leben nur den Sinn hat, den er selbst ihm gibt, indem er seine Kräfte entfaltet: indem er produktiv lebt.*«[71]

An dieser Stelle trifft sich das humanistische Anliegen Fromms mit dem atheistischen der Existenzialphilosophie Sartres. Weil Gott nicht da ist, gibt es auch keinen normativen Entwurf vom menschlichen Leben. »Der Mensch ist, wozu er sich macht«, heißt Sartres Devise. »Die Existenz geht der Essenz voraus.« Das heißt konkret, daß sich der Mensch selbst entwirft! Der je eigene Entwurf des Menschen ist der Sinn seiner Existenz. Auch hier ist die Folge dieser Erkenntnis das Anliegen der Selbstverwirklichung.

Hier wird deutlich, daß das humanistisch-atheistische Menschenbild mit dem biblischen Ansatz völlig unvereinbar ist.

Auch wenn sich Fromm und seine Schüler bei ihrem Selbstverwirklichungsansatz vom Egoismus abgrenzen, der in selbstischer Weise nur sich und sein eigenes Glück will (Hedonismus), kann doch nicht übersehen werden, daß Menschwerdung als Selbstverwirklichung letztlich nur unter der Voraussetzung der Loslösung von Gott möglich ist. Selbstverwirklichung im humanistischen Sinn ist nur denkbar unter Ablehnung der Autorität eines persönlichen Vatergottes. Oder anders ausgedrückt: Humanismus ist die freundliche Variante des Atheismus. Bei ihm geht es um das Bestreben des Menschen, autonom zu sein, auch in seiner Mitmenschlichkeit und Nächstenliebe. Im Grunde geht es um das Bekenntnis, daß der Mensch von sich selbst herkommt, zu sich selbst geht und bei sich selbst bleibt. Er hat in sich selbst Anfang und Ende, Weg und Ziel.

Ganz anders die Bibel. Der Mensch kommt von Gott und ist zu ihm hin erschaffen. Jesus sagt:

> »Will mir jemand nachfolgen, der verleugne sich selbst und nehme sein Keuz auf sich und folge mir nach. Denn wer sein Leben erhalten will, der wird's verlieren; wer aber sein Leben verliert um meinetwillen, der wird's finden.« (Matth. 16,24f)

Und Paulus schreibt:

»Ich bin mit Christus gekreuzigt, und nicht mehr lebe ich, sondern Christus lebt in mir« (Gal. 2,19f).

Lebensverwirklichung aus christlicher Sicht geht also nur über den Weg der Selbstverleugnung, bzw. des Sterbens.

Aber, so mag man einwenden, gibt es nicht doch eine Synthese zwischen Selbstverwirklichung und Selbstverleugnung? Kann man diese Thematik denn nur »schwarz-weiß« malen? Jesus sagt doch auch: »Du sollst deinen Nächsten lieben *wie dich selbst«* (Matth. 22,39!) Es stehe ja nicht da: »Liebe deinen Nächsten *statt* deiner selbst«, sondern eben: »*wie* dich selbst«! Die Nächstenliebe setze damit die Liebe zu sich selbst voraus. Man dürfe in dieser Aussage nicht nur einen Indikativ, sondern müsse darin auch einen dritten Imperativ sehen: »Liebe dich selbst!«[72]

Freilich hat diese Auslegung in der Geschichte der Kirche eine lange Tradition und geht über Meister Eckhart, den großen Mystiker des Mittelalters, bis auf Augustin zurück. Das besagt aber noch nichts über ihre exegetische Richtigkeit. Ich stimme Luther zu, der sich davon abgewandt und erklärt hat:

»Du sollst deinen Nächsten lieben wie dich selbst, nicht, wie du dich selbst lieben sollst; denn wenn es so gemeint wäre, dann wäre es geboten worden.«[73]

Auch Emil Brunner meint in der Sache dasselbe, wenn er sagt:

»Die Entfaltung des ICH, der Persönlichkeit, ist der Grundsatz der griechischen, nicht der christlichen Ethik.[74]

Maßstab für die Nächstenliebe ist laut Jesus nicht die Selbstliebe, sondern *Seine* Liebe: »Gleichwie Ich euch geliebt habe« (Joh. 15,12).

Gleichwohl gibt es eine Art christlicher Selbstverwirklichung. Besser müßte man noch von Lebensverwirklichung durch Christus sprechen, wie Paulus es in Gal. 2,20 tut: »Ich lebe, doch nun nicht ich, sondern Christus lebt in mir.« Im Vergleich zur humanistischen Selbstverwirklichung wird klar, was sie bedeutet.[75] Während menschliche Selbstverwirklichung die Verwirklichung des alten Menschen meint, der dem Satan, der Sünde und dem Tod verfallen ist, zielt die Lebensverwirklichung durch Christus auf das Wesen des neuen Menschen, der durch Christus dem Satan, der Sünde und dem Tod entrissen ist. Menschliche Selbstverwirklichung sucht sich selbst und verliert so das eigene Leben, christliche Selbstverwirklichung verleugnet sich selbst und gewinnt so das eigene Leben. Der humanistische Selbstverwirklicher gehört sich selbst, der Christ gehört nicht sich selbst, denn er ist »teuer erkauft« (1. Kor. 6,20) und bekennt: »Christus ist mein Leben!« (Phil. 1,21)

Die Existenzweise des geistlichen Menschen hat die Art des *aus-*

getauschten Lebens. Das eigene Leben wird in seiner totalen Sündhaftigkeit erkannt und im Glauben als mit Christus gestorben erachtet. »Ich bin mit Christus gekreuzigt« (Gal. 2,19). Dies ist nicht als ein rein gedanklich-autosuggestiver Gewaltakt zu verstehen, indem man vor der Wirklichkeit krampfhaft die Augen verschließt. Hingegen ist es ein von Gottes Geist geschenktes existentielles Geschehen in der »*Buße* zu Gott *und* (dem) *Glauben an unseren Herrn Jesus Christus*« (Apg. 20,21). Buße meint hier nicht eine psychoanalytische »Selbstbegegnung«[76], obwohl der Aspekt der »in sich gehenden Selbsterkenntnis« natürlich impliziert ist. Buße meint vielmehr die Erkenntnis der Sünde, d.h. der Feindschaft, Gleichgültigkeit und Unzulänglichkeit im Blick auf Gott. Sie führt zu dem Bekenntnis: »Gott, Du hast recht, ich aber bin im Unrecht. Nicht Du hast regiert, bist Gott in meinem Leben gewesen, sondern ich bin der Herr, mein Gott, gewesen.«

Buße bedeutet den Thronsturz des Ich, des eigenen Lebens, Buße bedeutet den Verzicht auf die Herrschaft des Ich mit der gleichzeitigen Bitte, daß statt dessen Christus Herr werde. Sie führt zu der befreienden Erkenntnis, daß nicht ich durch meine eigene Anstrengung, durch die Entfaltung meiner eigenen Möglichkeiten zum wahren Menschen werde, sondern daß dies durch *das Tun eines anderen,* eben durch das am Kreuz geschehene Versöhnungswerk Jesu, Sein gegenwärtiges Handeln in mir und Seine zukünftige Vollendung an mir geschieht.

Zur Lebensverwirklichung durch Christus muß zur Buße aber auch »der Glaube an unseren Herrn Jesus Christus« hinzukommen, wenn die Neuschöpfung im Leben Platz greifen soll. Buße allein führt nicht zum Heil, obwohl sie als Voraussetzung unabdingbar zur Rettung und auch zur Menschwerdung, d.h. aber zur Umgestaltung in das Bild *des wahren Menschen, Christus,* dazugehört. Der Glaube an den Herrn Jesus führt zur Rettung (Apg. 16,31; Joh. 3,16 u.ö.). In der Wiedergeburt durch den Heiligen Geist versetzt Gott einen Menschen *»in Christus«* hinein, d.h. in den Herrschafts- und Erlösungsbereich des Christus, und bringt ihn so in eine neue Stellung, nämlich in die eines Kindes Gottes.

Erst aufgrund dieser Voraussetzung beginnt Gott mit ihm sein erziehendes, umgestaltendes Handeln, das zum Bild des wahren Menschen führt! Diesen Prozeß der Menschwerdung nennt die Bibel Heiligung. Es ist der Verwandlungsprozeß in das Bild Christi, des Prototypen des Menschen, hinein. Aber erst, wenn »jemand in Christus ist, ist er eine neue Schöpfung, das Alte ist vergangen, Neues ist geworden« (2. Kor. 5,17). Hier unterscheidet sich biblische Lebensverwirklichung grundsätzlich von aller menschlichen Selbstverwirklichung. Während sie bereits vom neuen Menschen ausgehen kann, der im geistgewirkten Glauben »inwendig« *schon* da ist, sucht die humane Selbstverwirklichung diesen auf dem Weg der Individuation erst zu erreichen. Nur dort, wo »Christus in mir« lebt (Röm. 8,10; Kol. 1,27; Gal. 2,20), und zwar *anstelle* des ICH, kann es zur Verwirklichung *Seines* Lebens in einem Menschen kommen.

Dies ist freilich ein Prozeß, in dem »Christus in (uns) Gestalt gewinnt« (Gal. 4,19), der im irdischen Leben nie abgeschlossen sein wird. Das macht auch die Spannung geistlicher Existenz aus. Einerseits nämlich ist der Christ im Glaubensstand »in Christus« »schon« vollkommen, andererseits ist er im Blick auf seinen Verwirklichungszustand aber »noch nicht« vollkommen. Einmal ist er in seiner Stellung als Sohn Gottes schon gerecht, in ihrer Darstellung aber noch ungerecht. In dieser Spannung zwischen »schon jetzt« und »noch nicht«, Stellung und Darstellung, Stand und Zustand vollzieht sich die geistliche Lebensverwirklichung.

Bedeutet die Aufgabe der »Herrschaft des Ich« eine Aufgabe der Persönlichkeit, des Wollens, Denkens und Fühlens? Dieser Eindruck könnte entstehen, wenn von der Verleugnung, der Kreuzigung des »Ich«, der »Selbstaufgabe« usw. gesprochen wird. Christen, die dies ernsthaft behaupten, leben nicht im Bereich göttlicher Lebensfülle, sondern in dem erstickenden Klima unfreier knechtischer Gesinnung. Die Verwirklichung göttlichen Lebens geschieht eben nicht unter Auslöschung des Willens, wie das fälschlich immer wieder behauptet wird, sondern in der Schaffung geistlich und menschlich gesunder Persönlichkeiten, die frei von inneren und äußeren Beeinflussungen willentlich den Willen Gottes als Seine Söhne annehmen.

Es sind die Mächte der Finsternis, die Menschen willenlos und passiv machen, um sie zu vergewaltigen und zu manipulieren. Wahre Jünger Jesu sind »zur Freiheit der Herrlichkeit der Kinder Gottes« (Röm. 8,21) befreit und erlöst. Sie lernen im vertrauensvollen Umgang mit Jesus den Willen des Vaters kennen und gerne tun. Sie finden in der Abhängigkeit von Jesus die größte Freiheit zu leben. Weil sie sich vom Vater grenzenlos geliebt wissen, können sie grenzenlos lieben. Weil ihnen Jesus konkurrenzlos wichtig ist, können sie auf alles Zweitrangige verzichten. Weil sie das Beste haben, sind sie Feinde des Guten. Weil sie abhängig sind vom Wort Jesu, sind sie unabhängig von den Worten der Menschen. Weil sie den *Einen* haben, brauchen sie die Vielen nicht. Weil sie allein vom Geist Gottes geleitet werden, können sie auf alle anderen Arten der Innen- und Außensteuerung verzichten. Weil sie nicht mehr Knechte der Sünde sind, können sie nun wahrhaft als Freie leben. Weil ihr Bürgerrecht im Himmel ist, können sie Fremdlinge auf der Erde sein. Weil sie von der göttlichen Weisheit gelehrt sind, können sie »Narren um Christi willen« (1. Kor. 4,10) werden. Weil ihre Stärke in Christus ist, können sie schwach vor Menschen sein. Weil sie »in Christus vollkommen« sind (Kol. 1,28), können sie frei von dem Zwang leben, sich selbst vervollkommnen zu müssen.

7. Testfall: Ethik

Wie erweist sich das neue Bewußtsein auf dem Gebiet der Ethik? Kann es den Anspruch biblischer Ordnungen akzeptieren?

In der modernen Gesellschaft werden Recht und Moral schon lange nicht mehr von einer absoluten Ordnung, sondern von einem relativierenden »general acceptance« bestimmt. Im Zuge einer breiten »Verdampfung der Werte« und der Entstehung eines humanitären Ethos wird das illusionäre Menschliche zum Wert an sich. E. Fromm prangert zwar einerseits den radikalen Hedonismus an, der im Streben nach einer Maximierung der Lustempfindungen in der modernen Gesellschaft seinen bisher vollkommensten Niederschlag findet. Andererseits überwindet er das Problem aber nicht wirklich.

So setzt er einer »autoritären Ethik« eine »humanistische Ethik« entgegen, die bewußt *»anthropozentrisch«* ist, d.h., bei der der Mensch »tatsächlich ›das Maß aller Dinge‹ ist«.[77] Einer »objektivistischen Ethik« stellt er eine »subjektivistische« gegenüber, bei der der Begriff »absolut« bedeutungslos wird.[78] Gut bedeutet »Bejahung des Lebens, Entfaltung der menschlichen Kräfte«, das Böse »führt zur Lähmung der menschlichen Kräfte; Laster ist Verantwortungslosigkeit sich selbst gegenüber.«[79] Weiterhin lehnt Fromm eine »absolute Ethik« zugunsten einer »relativen Ethik« ab, weil erstere auf der mittlerweile überholten und von allen Wissenschaftszweigen abgelehnten Auffassung von einer theistischen, absoluten bzw. vollkommenen Macht beruhe, im Vergleich zu der der Mensch notwendigerweise relativ bzw. unvollkommen sei.[80] Das widerspreche aber dem anthropozentrischen Ansatz.

Auf jeden Fall ist nicht zu leugnen, daß diese Gedanken maßgeblich das neue Bewußtsein auch im Raum der Gemeinde geprägt haben. Siegfried Liebschner spricht von der »schockierenden Bereitschaft, die Maßstäbe für eine ›sittliche Grammatik des Lebens‹ unter den ›höheren Gesichtspunkt‹ des persönlichen Nutzens oder Schadens zu stellen, wenn es zum Schwur kommt.«[81]

Vom neuen Bewußtsein beeinflußte Gemeindeglieder setzen sich ihre »Normen« bzw. ihre ethischen Kriterien selbst. »Gut ist, was aus persönlicher Verantwortung, was aus dem Motiv der Liebe, was in innerer Freiheit getan wird. Böse ist: Jeder Normenkatalog, jedes Du sollst, jedes Reden von Gehorsam.«

Man lehnt die biblisch offenbarten Ordnungen Gottes ab, weil sie als Machtinstrument in der Hand autoritärer Gemeindeleiter mißbraucht werden könnten. Der Bibel-Buchstabe werde von Zeit und Situation des Schreibers losgelöst und einfach auf die heutige Zeit als absolute Wahrheit übertragen. Damit würden aber die sog. Ordnungen absolut gesetzt und das werde dem Individuum heute nicht gerecht.

Vielfach besteht gar eine derartige Allergie im Blick auf Diskussionen um Werte und Normen, daß man überhaupt nicht mehr bereit ist, darüber zu reden. Noch einmal das Zeugnis einer Aussteigerin:

> »So erlebte ich gerade in den Freikirchen einen großen Energieverschleiß, sich damit zu beschäftigen, was man darf oder nicht und was Gottes allgemeingültiger Wille sei ... In diese Diskussion um Normen möchte ich mich auch an dieser Stelle nicht mehr einlassen.«[82]

Der eigene Weg wird gesucht, ein individuelles Ethos gegen eine theonome Ethik verteidigt. So kann man von einem Gemeindeglied etwa hören:

> »Mein Weg ist mein Weg, und ich finde es unerträglich, von euch an irgendwelchen Maßstäben hinterfragt zu werden. Es gibt keinen Maßstab außer dem einen: mein persönlicher Weg.« Oder: »Für mich ist es im Moment dran, diese relativ intime Freundschaft so auszuleben, wie ich sie lebe – daß mein Ehepartner das nicht so sieht und darunter leidet, ist bedauerlich, zeigt aber, daß er das neue Konzept einer Freilassung des anderen noch nicht begriffen hat. Das ist letztlich seine Sache. Ich muß diese Phase leben, sonst würde in mir etwas kaputtgehen.«[83]

Wie dramatisch die Selbstrechtfertigungen von Menschen sein können, zeigt der erschütternde Bericht eines homosexuellen ehemaligen Pastors, der nach jahrelangem »Kampf« gegen seine Neigung nun endlich seinen Weg angenommen hat und diesen biblisch zu rechtfertigen sucht.

> Wir haben »doch nicht ... als Christen dem Reglement einer starren ›Schöpfungsordnung‹ Genüge zu tun. Vielmehr glauben wir, in Christus das fleischgewordene Ja Gottes zu seinen vielfältig gebrochenen und in Unordnung geratenen Geschöpfen zu vernehmen. Wer dieses Ja Gottes gehört hat, ... der kann (soll!) aufhören, sich abzuquälen ... der kann beginnen, auf die ihm mögliche Art von der Liebe, die ihm widerfahren ist, weiterzuge-

ben. *Das* scheint mir die ›evangeliumsgemäße‹ Aufgabe des Christen zu sein. Und nicht diese sinnlose Selbstkasteiung, um sich auf das Menschenmodell irgendeiner Schöpfungsordnung hinzutrimmen. (...) Hier artikuliert sich vielmehr das selektierende Nein einer lebensfeindlichen Gesetzesreligiosität, die nichts weiß von einem liebenden, bejahenden Gott. (...) Aber vielleicht setzt sich ja auch in den Kirchen irgendwann mal der Gedanke durch, daß nicht die Homosexualität die Krankheit ist. Krank macht den Homosexuellen, daß er nicht sein darf, was er nun mal ist.«[84]

Diese Extrem-Positionen lassen Rückschlüsse auf ein breites, aber ebenso gefährliches »Vorfeld« in der ethischen Frage zu. Es wäre aber nun verfehlt, auf diese Zustände mit Empörung zu reagieren. Die Verabschiedung einer biblisch-autoritativen Ethik offenbart eine doppelte Misere: Einmal wird der Verlust guter heilmachender Lehre erschreckend bewußt, sodann der Mangel an prophylaktischer Seelsorge. Beide Mißstände lassen sich nicht von heute auf morgen lösen, denn sie sind das Resultat langjähriger geistlicher Auflösungserscheinungen.

Auf jeden Fall erscheint es dringend geboten, in der Gemeinde neu über die Grundlagen der Ethik in einer das ganze biblische Offenbarungszeugnis ernstnehmenden Weise nachzudenken und gegebenenfalls umzudenken.

Die Begründung der christlichen Ethik muß vom Heils- und Offenbarungsansatz her geschehen. Sie muß sich als biblisches Schöpfungs- und Ordnungsethos erweisen. Im Gegensatz zu allen von der Vernunft her entfalteten Moralvorstellungen ist das Ethos der Bibel rational und emotional nicht ableitbar, sondern nur gegeben durch das Wort des erwählenden Gottes. Ohne Gebieter gibt es kein Gebot. Christliches Ethos gibt es nicht ohne das Hören auf Gott und ohne das restlose Vetrauen in sein Wort:

»Das biblische Ethos ist ganz und gar heteronomes, dem Menschen angetragenes, nicht autonomes, in seinem Innern vorfindliches Ethos.«[85]

Biblisches Ethos ist der Wille Gottes. Das Ethos der Heiden ist erotisch (im weitesten griechisch-platonischen Sinn) und damit Selbstverwirklichung. Auf diese Zusammenhänge sollte wieder vermehrt aufmerksam gemacht werden. Auf der anderen Seite dürfen nicht die Interpretationen von »Ordnungen« verabsolutiert werden, so daß es zu einer gesetzlichen Engführung der Ethik kommt, die dem einzelnen die Entscheidung abnimmt. Hier kann in der Tat das »Vorauswissen« ethischer Entscheidungen von starken Persönlichkeiten als gesetzliches Machtinstrument zur Versklavung schwacher Seelen führen.

Zum Wort des Schöpfers, der durch das klare Gebot seine Schöpfungsordnungen erhalten und bewahren will, muß immer auch das Wort des Erlösers von der Barmherzigkeit in Christus hinzukommen. Der Weg biblischer Ethik ist immer eine schmale Gratwanderung zwischen gesetzlicher Kasuistik einerseits, die für jeden Fall im voraus das Ergebnis weiß und einer Situationsethik andererseits, die nur die Situation des Menschen unter dem Gesichtspunkt seines Wohls sieht.

Wer Jesus lieb hat, hält seine Gebote (Joh. 15,10.14)! Ethisches Verhalten ist ein Ausdruck der Liebe zu Jesus. Es nimmt die Gebote Jesu und seines Vaters aus Liebe ernst. In der Freiheit des Geistes kann der, der Jesus liebt, sich gerne seinem Willen unterordnen, um in der Bindung zu Jesus wahre Freiheit zu finden.

Auch auf dem Gebiet der Seelsorge müssen Positionen neu gesetzt werden. Vielfach hat sich unbewußt ein Gefälle von der verkündigenden zur beratenden Seelsorge vollzogen, wodurch es zu einer Entfremdung von der biblischen Grundlage gekommen ist! Durch die Übernahme tiefenpsychologischer, verhaltens- und gesprächstherapeutischer sowie gruppendynamischer Erkenntnisse und Techniken versprach man sich eine viel tiefere Wahrnehmung eigener Konflikte sowie derjenigen des Klienten. In Selbsterfahrungsgruppen sollte es um verstärktes Einfühlungsvermögen und eine größere Kooperationsfähigkeit gehen. Das gesamte Klima wurde akzeptierend, nicht-direktiv und klientzentriert. Der Berater sollte eine möglichst zurückhaltende Rolle einnehmen und sich dem Klienten positiv zuwenden. Biblisch-theologische Inhalte fehlten entweder völlig oder wurden entsprechend umgedeutet. Seelsorge wurde zur »Psychotherapie in kirchlichem Kontext«[86].

Hier sollte ebenso eine Neubesinnung stattfinden, um Grundlinien biblischer Seelsorge zu finden und heilsam anzuwenden. Eduard Thurneysens Warnung sollte wieder neu gehört werden:

> »Seelsorge ... soll den Primat ihres aus der Bibel geschöpften Menschenverständnisses keinen Augenblick preisgeben – Sie weiß, daß sie damit steht und fällt. Geht sie davon ab, will sie den Menschen auch nur teilweise und vorläufig anderswoher verstehen, und das heißt immer aus immanenten, natürlichen Voraussetzungen heraus, so tritt unweigerlich eine Verkürzung und Entwertung des abgegebenen Auftrages ein. ... Das Wort Gottes und die Verkündigung treten zurück und die psychologische Forschung mit ihren Deutungen wird auch in der Seelsorge das alles Beherrschende. Das aber bedeutet das Ende echter Seelsorge.«[87]

Seelsorge ohne »Dogma«, d.h. ohne gesunde bzw. gesundmachende Lehre ist keine heilsame Seelsorge. Gesunde Lehre ist das lebendige

Christuszeugnis in der Entfaltung des gesamten Heilsratsschlusses Gottes. Die rechte Übertragung dieser gesundmachenden Lehre auf das Leben wiedergeborener Menschen, die sich von Christus entfernt haben, sollte Grundlage echter Seelsorge sein. Dabei kann nur die Liebe Christi drängender Impuls sein und nicht das pharisäische Wissen von Moral. Seelsorge hat das Ziel, daß »Christus Gestalt gewinne in euren Herzen!« (Gal. 4,19).

II. Teil: Auf dem Weg zu einem neuen Gottesbewußtsein

Ein weiteres Merkmal des neuen Bewußtseins ist sein neues Gottesbild, das sich im Zusammenhang mit einem neuen Schriftverständnis und einem daraus entstandenen neuen Jesusbild entwickelt hat. Im folgenden soll aufgezeigt werden, daß ein neues Gottes- und Jesusbild nur entstehen kann, wenn man ein spezielles Schriftverständnis befürwortet.

1. Ein neuer Zugang zur Schrift

Daß das jeweilige Gottesverständnis eng mit dem entsprechenden Schriftverständnis zusammenhängt, wird eindrücklich im 2. Helvetischen Bekenntnis (1566) belegt.[88] Unter dem Einfluß Bullingers, des Nachfolgers Zwinglis, wird dem Bekenntnis zur eigentlichen Gotteslehre das Bekenntnis zum Wort Gottes vorangestellt, ohne dessen richtiges, d. h. geistliches Verständnis die Lehre von Gott gar nicht formuliert werden kann. Erst auf der Grundlage der ganzen vom Heiligen Geist inspirierten Schrift Alten und Neuen Testaments sind die diesem Offenbarungszeugnis entsprechenden Aussagen von Gott zu machen. Diesem bis heute von theologischer Seite immer wieder heftig widersprochenen Tatbestand will sich auch das neue Bewußtsein nicht anschließen.

Entsprechend der grundsätzlichen Voraussetzung, offen zu sein für Wandlungen und tiefgreifende Veränderungen in der Persönlichkeitsentwicklung, ist man auch im Blick auf das Bibelverständnis beweglich. So wie die »Lockerungsbereitschaft« des Charakters zur Persönlichkeitsbildung führe[89], so führe eben auch die prinzipielle Offenheit für »Geisterfahrungen« zu neuen Gottesbildern. Nur bei einem *dynamischen Verständnis der Bibel* könnten die angstmachenden und abschreckenden Gottesbilder überwunden werden und die heilenden Vorstellungen von Gott Raum gewinnen (Becker/Schaffer). Der Heilige Geist, von dem Jesus sagt, daß Er in alle Wahrheit leitet, offenbare die Entwicklung der Gottesvorstellungen von »einer Klarheit zur anderen« (2. Kor. 3,18).[90]

Offensichtlich machen viele Menschen heute die Erfahrung einer neuen humanistischen Spiritualität. Wie zum Beispiel Franz Alt in seinen Büchern[91] bezeugt, eröffnet sie vielen den Zugang zur Bibel, oft über die Entdeckung der Bergpredigt oder im Licht tiefenpsychologischer Spekulation. Aber auch aufgrund charismatischer Erfahrungen kann es zu einem neuen Schriftverständnis kommen. Am Ende seines Buches »Pro und Contra Franz Alt«[92] gibt Peter Hahn einen persönlichen Einblick in seine neuen Erkenntnisse und neuen Wege. Exemplarisch soll er auch hier zu Wort kommen. Nachdem er sich schon als junger Mann seiner Gotteskindschaft bewußt gewesen und später in übergemeindliche Gremien der »evangelikalen, pietistischen, also bibelgläubigen evangelischen Christen« berufen worden ist, sei er 1980 »trotz größter Warnungen engster Freunde, voller Angst und Furcht« zum ersten charismatischen Kongreß nach Berlin gefahren, wo er dann die »Geistestaufe« empfangen habe. Er stellte fest, statt »von einem Geist von unten – von einer Liebe zu allen Menschen und von einer Liebe zu Gottes Wort erfüllt« worden zu sein, wie er sie vorher nicht kannte; sie ließ ihn »die Bibel mit ganz neuem Verständnis lesen«. Habe er früher einen statischen Buchstabenglauben gehabt, so habe er nun einen *»dynamischen, lebendigen Glauben* erfahren«, eine »Sensibilität für das Neue Testament«, wie er sie früher nicht einmal erahnt hätte.

Dieses angeblich vom Heiligen Geist gewirkte »neue Verständnis«, diese »Sensibilität für das Neue Testament« erweist sich bei Hahn nun aber als ganz handfeste Bibelkritik. War er vor seiner »Geistestaufe« noch »überzeugt, daß die Bibel unumstößlich Gottes Wort ist«, »das ich wörtlich nahm, wie es dastand«, so stellte er nachher fest, »daß die biblischen Texte ganz offensichtlich Fehler aufwiesen«. Nachdem er sich näher mit der Frage der Entstehung und Kanonisierung der Bibel beschäftigt habe, fragt er, ob es »so verwerflich« sei, »die Inspiration Gottes bei ... den Texten selbst zu hinterfragen«? So kommt er dahin, auch die biblischen Jesusaussagen selbst zu hinterfragen; er ist davon »überzeugt, daß Jesus vieles so nicht gesagt hat, bzw. so nicht sagen konnte, einfach deshalb, weil es nicht seinem Geist entsprach«. Während ihm solch ein kritisches Denken vor zwei, drei Jahren noch »als unmöglich und sträflich, als sündig vorgekommen« wäre, erkennt er aber inzwischen, »daß unsere Bibel nicht nur Übertragungs- und Übersetzungsfehler hat, sondern daß die Schreiber auch ihre eigenen Gedanken, gefärbt von ihrer Tradition und Umgebung, mit hineingetragen haben, ja, daß manche Jesus zugeschriebenen Aussagen einfach nicht von ihm selbst stammen können«.

Seit er seine Bibel »in dieser neuen Freiheit« lese, staune er, was er alles entdecke. Durch die »Freiheit des Heiligen Geistes, Bibeltexte auf ihre Richtigkeit hin zu hinterfragen«, habe sich ihm ein »Jesus- und damit Gottesbild enthüllt«, das ihm »ganz neue Dimensionen eröffnete«.

Konkret sieht das so aus, daß Hahn den Glauben« an das stellvertretende Opfer Jesu« so nicht mehr aufrechterhalten und »Gott, der doch unser aller Vater sein will, nicht mehr so blutrünstig und rachesüchtig wie früher sehen« kann.[93]

Das aber bedeutet im Klartext die Preisgabe der Kernaussagen des Evangeliums, »nämlich daß *Christus für unsere Sünden* gestorben ist, nach der Schrift, und daß er auferstanden ist am dritten Tage, nach der Schrift, und daß er erschienen ist . . .« (1. Kor. 15,3f). Dieser Prozeß fortschreitender Auflösung und Umdeutung des Evangeliums hat seinen Grund in der sog. »Freiheit des Heiligen Geistes, Bibeltexte auf ihre Richtigkeit hin zu hinterfragen«. –

Aus einer anderen Richtung kommt *der psychologische Zugang* zur Heiligen Schrift, der zu neuen Gottesbildern führt. Auch das ist eine Variation des neuen Bewußtseins. Christa Meves, die einerseits einen sehr mutigen und notwendigen Beitrag zu sexualethischen und psychologischen Fragen unserer Zeit leistet, trägt andererseits durch ein problematisches Schriftverständnis zur Unklarheit der Heilsabsichten Gottes bei. Der Stellenwert der Bibel besteht für sie darin, durch ihre »mythischen Bilder« die in jedem Menschen schlummernden »ewigen Quellgründe« der Religiosität zu wecken und für die Lebenshilfe bewußt zu machen. Der Mythos ist für sie in Anlehnung an C.G. Jung wichtig zur Aufdeckung tiefenpsychologischer Wirklichkeiten.

> »Es handelt sich bei diesen Geschichten nicht um Vorgänge, die in alter Zeit in der Realität so abgelaufen sind, die also historisch beschreibbar wären, sondern um zeitlose innerseelische Zustandsberichte oder Entwicklungsvorgänge, die vom Seelenleben eines einzelnen, oft aber auch von dem eines ganzen Kollektivs berichten. Die Beschäftigung mit solchen symbolischen Bildern, mit dem Mythos, ist eine Möglichkeit, durch die Welt des sinnlich Wahrnehmbaren, durch die Oberfläche der Realität hindurchzuleuchten in eine Schicht menschlichen Lebens, die tiefer ist als der Tag, die mit unserem Verstand nicht faßbar ist, deren Sinn uns aber mit Hilfe von »Übersetzungsarbeiten« teilweise verstehbar werden kann. Eine solche urwahre Geschichte, die mit Naturbeschreibung nicht das geringste zu tun hat, scheint auch die Genesis der Bibel zu sein.«[94]

Die Bibel sei voll von solchen Mythen wie dem »Schöpfungsmythos«, oder »dem Mythos der Jungfrauengeburt«[95] und könne nur durch die »tiefen-psychologische Textdeutung« dechiffriert werden. Die Moral von der Geschicht' (des Sündenfalls) sieht dann bei Christa Meves so aus, daß »Rettung vor diesem Schicksal« – nämlich der gefährlichen »Möglichkeit zu einem Verderben des Menschen durch den Geist der Schlange« – möglich ist »durch Umwandlung des Tierischen zu guter Form unter dem Primat steuernder Menschlichkeit ... wenn wir getrost und tapfer in evahaftem Geist durch die Dornen und Disteln zu gehen wagen, die Todesmacht der Schlange wachsam in Schranken halten, Gottes Allgegenwart ehrfürchtig beachten und uns ihr stellen.«[96]

Dieses humanistisch-mythologische Surrogat nimmt einmal der Bibel ihre geschichtliche Grundlage und verändert zum anderen ihre Botschaft. Ein anderes Evangelium entsteht. Sünde und Gnade, Jungfrauengeburt und Wiederkunft Jesu werden als Symbole einer mythologischen Bilderwelt tiefenpsychologisch umgedeutet und allein auf den Bereich therapeutischer oder allgemein menschlicher Lebenshilfe angewandt. Oder es werden die Worte Jesu von seiner heilsgeschichtlichen Sendung abgelöst und zu einem individuellen bzw. universellen utopischen Programm der Bewußtseins- und Weltveränderung erhoben.

Auf jeden Fall sieht die psychologische Schriftdeutung in den Glaubensereignissen der Bibel nichts anderes als Motive oder Ideen. C.G. Jung sagt:

> »Wenn die Psychologie z.B. von dem Motiv der jungfräulichen Geburt spricht, so beschäftigt sie sich nur mit der Tatsache, daß es eine solche Idee gibt, aber sie beschäftigt sich nicht mit der Frage, ob eine solche Idee in irgendeinem Sinne wahr oder falsch sei. Die Idee ist psychologisch wahr, insoweit sie existiert. Psychologische Existenz ist subjektiv, insoweit eine Idee nur in einem Individuum vorkommt. Aber sie ist objektiv, insoweit sie durch einen consensus genitum von einer größeren Gruppe geteilt wird.«[97]

»Wahrheit« in diesem Konzept besteht lediglich in der Existenz einer »Idee«. Insofern ist die Bibel wahr. Als Offenbarung göttlicher Wahrheiten in dem Sinn, daß die Bibel nicht nur Zeugnis über die Offenbarung Gottes gibt, sondern auch Teil der Offenbarung Gottes selbst *ist*, wird sie in der psychologischen Deutung nicht gesehen.

Ein weiteres Beispiel soll die Bereitschaft des neuen Bewußtseins, frei und eigenmächtig an die Bibel heranzugehen, verdeutlichen. Dr. theol. Armin Volkmar Bauer schreibt in der Zeitschrift der Arbeitsgemeinschaft Beratung-Therapie-Seelsorge (BTS):

> »Ab und zu fragen mich die Leute, ob ich an die ganze Bibel glaube. Früher meinte ich, das gehe irgendwie. Heute sehe ich die Bibel wie eine große Halde. Auf ihr liegt das Fördergut, das beim jahrhundertelangen Graben nach Gott zutage gefördert worden ist. Vieles sind Schlacken. Doch mir bleibt Gold genug.«[98]

Dies Gold findet er nur in einem bestimmten Teil des Neuen Testaments.

»Meinen Jesus finde ich in den Evangelien. Der Rest des Neuen Testaments ist mir für meinen Glauben nicht sehr wichtig. Paulus ist ein großer Christ, aber wenn er sich vor Jesus stellen und mir dogmatische Vorlesungen halten will, geleite ich ihn freundlich, aber bestimmt vor die Tür. Mit Paulus beginnt jene europäische geistliche Erkrankung, die man systematische Theologie nennt.«[99]

Die Bibel, eine Halde, auf der unter viel Geröll doch noch Gold gefunden werden kann, wenn man nur an der richtigen Stelle sucht, so präsentiert sich das neue Denken hier. Die »richtige Stelle« ist immer das, was »lebendig macht.« So heißt es in der gleichen Ausgabe von BTS:

»Da spricht aus der Bibel, neben einigen Worten, die zu töten vermögen, zum Glück sehr deutlich ein Geist, der lebendig macht. Ein Geist des Evangeliums, der Liebe. Ein Geist, der befreit – auch von manchen Worten. Wenn dieser Geist nicht über gewisse Buchstaben hinaus wiese, würden die Frauen in den christlichen Gemeinden heute noch schweigen, obwohl es doch Christus war, der die Frauen aus dem Schweigen befreite, in das sie jahrtausendalte Tradition gesperrt hatte. Dieser befreiende Geist ist es, der mich als Homosexuellen in meiner Ganzheit bejaht – in die Nachfolge Christi ruft.«[100]

Eine christliche Lehre ist bei dem selektiven Bibelverständnis des neuen Bewußtseins nicht mehr aufrecht zu erhalten. Das ist auch gar nicht beabsichtigt. Im Gegenteil, Jesus habe selbst mit dem Wort: »Der Geist der Wahrheit wird euch in die ganze Wahrheit leiten« (Joh. 16,13) auf den »Abbau der Lehrautorität« gezielt, meint W. Becker:

»Die Kontinuität der Lehre in der christlichen Gemeinde könnte also, wenn Jesus hier richtig verstanden wird, dem Heiligen Geist überlassen bleiben ... Die Frage, wie dann falsch und richtig – Ketzerei und reine Lehre – zu unterscheiden sind, bleibt offen.«[101]

Die wenigen Zitate haben schon gezeigt, daß es beim neuen Bewußtsein um ein sehr kritisches Bibelverständnis geht. Die Bibel wird als Offenbarungsurkunde nicht ernstgenommen! Ist man das von der klassischen Bibelkritik bereits gewöhnt, so erstaunt doch, daß jemand, der behauptet, auf einem charismatischen Kongreß die »Geistestaufe« bekommen zu haben, zu denselben Ergebnissen kommt wie extreme Kritiker der Bibel: Jesus, das Opferlamm für unsere Sünden, wird in der »Freiheit des Heiligen Geistes« abgelehnt. Ganz sicher ist dieses Beispiel nicht typisch für alle Charismatiker. Aber es wird daran schmerzhaft deutlich, daß nicht alle Geister, die gerufen werden, von Gott sind! Wenn man heute allgemein verkündet, daß die »Renaissance der spirituellen Traditionen in unserer Gegenwart das bedeutendste Ereignis dieser Zeit« sei und daß wir »mehr als alles andere ... eine tiefgreifende und spirituelle Veränderung« brauchten[102], so wird deutlich, daß ein neues Kernfeld spirituellen Erlebens entstanden ist, das die Bereiche der etablierten Kirchen bei weitem überschreitet. Wo ganz offen von pneumatischen Erfahrungen gesprochen wird, eben auch jenseits der christlichen Gemeinde, da gilt es, die Aufforderung des Johannes um so dringender zu beherzigen:

> »Geliebte, glaubt nicht einem jeden Geist, sondern *prüfet die Geister,* ob sie von Gott sind. Denn es sind viele falsche Propheten hinausgegangen in die Welt« (1. Joh. 4,1).

Prüfen kann aber nur, wer objektive Kriterien hat. Das entscheidende Kriterium ist für den Christen das durch den Geist inspirierte Wort Gottes des Alten und Neuen Testaments. Diese »ganze Schrift ist gottgehaucht« (2. Tim. 3,16).[103]

Wenn man die Schrift selektiv liest, das heißt Jesus-Worte gegen die Apostellehre ausspielt, so muß man sich sagen lassen:

> »Wenn jemand anders lehrt und sich nicht an die gesunden Worte unseres Herrn Jesus Christus hält *und* an die der Gottseligkeit entsprechende Lehre, so ist er aufgeblasen und versteht doch nichts« (1. Tim. 6,3).

Der künstlich geschaffene Widerspruch zwischen »authentischen« Jesus-Worten (die man erst einmal unter dem dogmatischen Geröll kirchlicher Tradition meint hervorsuchen zu müssen) und der »theologischen Reflexion« der Apostel offenbart ja gerade nur die fehlende geistliche Übereinstimmung des »Exegeten« mit dem Offenbarungszeugnis der Heiligen Schrift. Wer die biblischen Zeugen der Irrtumsfähigkeit bezichtigt, sich selbst aber durch den »Geist Jesu« in der Lage sieht, innerhalb der Bibel göttliches von menschlichem Wort zu unterscheiden, lebt in einem inneren Widerspruch.

Der Einbruch des neuen Bewußtseins in die Gemeinde Jesu geschieht da, wo man sich zum Rückzug von dem Bekenntnis zur vollen Autorität und Inspiration der ganzen Bibel entschließt.

Dieser Prozeß vollzieht sich nun nicht mehr wie bisher allein auf theologischer Ebene[104], sondern in allen Bereichen christlichen Gemeindelebens. Das erschreckende Defizit vieler evangelikaler Gemeindeglieder an fundierter biblisch-heilsgeschichtlicher Grundkenntnis, gepaart mit mangelnder Urteilsfähigkeit, macht sie anfällig für das neue Bewußtsein. Oft führen die häufig vom Studium her kritiklos übernommenen human-wissenschaftlichen und religionspädagogischen Kategorien zu einem Sympathisieren mit dem christlich-humanen Bewußtsein, das sich verhängnisvoll für die gesamte Gemeindearbeit auswirkt. Oft werden psychologische Denkmodelle zur Grundlage des Bibelverständnisses gemacht.

Wer heute dazu aufruft, am ganzen Wort Gottes, wie es im Alten und Neuen Testament vorliegt, festzuhalten, setzt sich dem Vorwurf aus, noch im alten, festzementierten, dogmatischen, d. h. aber mechanistisch-formalen Denken einer dem neuen Bewußtsein widersprechenden Gesetzlichkeit gefangen zu sein.

Allein, wem einmal die Wirkmächtigkeit und Autorität des Wortes Gottes durch den Heiligen Geist erschlossen wurde, der kann nicht umhin, mit Paulus zu bekennen, »daß ich nach dem Wege, welchen sie eine Sekte nennen, dem Gott der Väter also diene, daß *ich an alles glaube*, was im Gesetz und in den Propheten geschrieben steht« (Apg. 24,14).

Wenn Jesus Seinen Jüngern Seine Sendung erklärt – das schließt Sein Leiden und Sein Eingehen in die Herrlichkeit Gottes mit ein (Luk. 24,26) – dann tut Er das, indem Er bei »Mose und allen Propheten« beginnt und »ihnen in allen Schriften« auslegt, »was sich auf Ihn bezog« (Luk. 24,27). Jesus bezieht also ausdrücklich das gesamte Alte Testament (er zitiert alle drei Teile des hebräischen Kanons: Gesetz, Propheten, Schriften!) zur Erklärung Seines Kommens auf die Erde in der Weise mit ein, daß sich alttestamentliche Verheißung und neutestamentliche Erfüllung in Ihm treffen.

> »Wenn ihr Mose glaubtet, so würdet ihr auch Mir glauben; denn er hat von Mir geschrieben. Wenn ihr aber *seinen Schriften* nicht glaubt, wie werdet ihr *Meinen Worten* glauben?« (Joh. 5,46f)

Die Anerkennung der Schriften Moses stellt Jesus auf eine Ebene mit dem Vertrauen zu Seinen eigenen Worten! Oder anders ausgedrückt: Seine Worte sind aus dem heilsgeschichtlichen Kontext alttestamentlicher prophetischer Verheißung nicht zu lösen. Wer dies dennoch tut, versteht Jesus absichtlich oder unabsichtlich falsch und zerreißt das biblisch-heilsgeschichtliche Kontinuum, das von Mose anfangend bezeugt wird und in Jesus seine endgeschichtliche Erfüllung findet. – Ein dem gesamt-biblischen Offenbarungszeugnis entsprechendes Verständnis kann also nur *heilsgeschichtlich* sein. Das aber schließt die »Einheit von *Wahrheit* und Wirklichkeit«[105] oder die Einheit von faktisch Geschehenem und glaubensmäßigem Zeugnis mit ein. Die Botschaft von dem gekreuzigten Christus ist von dem geschichtlichen Leben Jesu überhaupt nicht zu trennen. Die »Apostellehre« und das Bekenntnis der Gemeinde, daß »Jesus der Christus« ist, kann man eben nicht als »all den historischen, traditionellen, konfessionellen und theologischen Ballast, der uns Jesus so verschleiert und verdunkelt hat, abwerfen«[106], sondern muß sie sehen als Enthüllung des Geheimnisses des offenbaren Gottes.

So lautet jedenfalls das Selbstzeugnis der Schrift. Alle Apostel bezeugen es einstimmig:

»Das Geheimnis des Christus ... ist jetzt seinen heiligen Aposteln und Propheten im Geist geoffenbart worden« (Eph. 3 4f).

»Was kein Auge gesehen und kein Ohr gehört hat und in keines Menschen Herz gekommen ist, ... hat Gott uns geoffenbart durch Seinen Geist« (1. Kor. 2,9f).

»Ich tue euch aber kund, Brüder, daß das von mir gepredigte Evangelium nicht von Menschen stammt; ich habe es auch nicht von einem Menschen empfangen, noch gelernt, sondern durch Offenbarung Jesu Christi« (Paulus in Gal. 1,11f).

»Das müßt ihr zuerst wissen, daß *keine* Weissagung der Schrift ein Werk *eigener Deutung* ist. Denn niemals wurde durch menschlichen Willen eine Weissagung hervorgebracht, sondern vom Heiligen Geist getrieben redeten heilige Menschen, von Gott gesandt« (2. Petr. 1,20f).

»Diese (Zeichen) aber sind geschrieben, damit ihr glaubt, daß *Jesus* der *Christus*, der Sohn Gottes ist, und daß ihr durch den Glauben Leben habt in Seinem Namen« (Joh. 20,31).

»... und wir wissen, daß Sein Zeugnis wahr ist« (Joh. 21,24).

Wir müssen also festhalten, daß dem Fundamentalgeschehen der Offenbarung Gottes in Raum und Zeit das Zeugnis derer entspricht, denen diese Enthüllung durch Gottes Geist zuteil wurde, nämlich der Apostel. Die apostolische Autorität entspricht der Offenbarungsautorität bzw. ist identisch mit ihr.[107]

Vom biblisch-theologischen Denken her ist es illegitim, Paulus gegen Jesus auszuspielen, bzw. seine Theologie als eine den Worten Jesu nicht entsprechende und im Alten Testament verhaftete zu karikieren. Wir können heute Jesus ohne Paulus nicht verstehen. Gott hat es gefallen, »das Geheimnis Christi« Seinen Aposteln zu offenbaren, denen das »Verwalteramt Gottes« ... übergeben worden ist«, um das »Wort Gottes auf sein Vollmaß (zu) bringen« (Kol. 1,25). Wer sich also heute einen »neuen Zugang zu Jesus« verschaffen will an dem apostolischen Zeugnis vorbei, ist ein »Dieb und ein Räuber« (Joh. 10,1). Er beraubt Jesus Seiner Messianität, Seiner göttlichen Sendung vom Vater. –

Die Ursache eines solch kritischen Bibelverständnisses liegt in der mangelnden Berücksichtigung des Offenbarungscharakters der *ganzen* Schrift, also auch des Alten Testaments, ohne das das Neue gar nicht zu verstehen ist, und der heilsgeschichtlichen Intention der Bibel. Dieser heilsgeschichtliche Aspekt ist beim Auslegen der Schrift unbedingt zu berücksichtigen, wenn man nicht zu Fehldeutungen kommen will.

Gerhard Maier nennt fünf Gründe, warum heilsgeschichtliche Theologie so wichtig ist.[108] »Erstens ist sie imstande, die *Fülle* der biblischen Aussagen am umfassendsten wahrzunehmen.« Sie filtert keine Schriftpassagen aus, sondern kann die verschiedenen, von Gott gestalteten Geschichtsepochen in ihrer jeweiligen Eigenart betrachten und doch zu einem Ganzen verbinden. »Zweitens ist sie bis heute die überzeugendste Vertreterin der *Einheit* der gesamten Schrift des Alten und des Neuen Testaments«, ... »doch ohne Einerlei« zu postulieren. »Drittens faßt sie den Gedanken des *Fortschritts der Offenbarung.«* Damit wird sie dem pädagogischen Charakter der Geschichte gerecht, wie er sich in den verschiedenen Bundesschlüssen Gottes und der geschichtlichen Entwicklung zeigt. Viertens kommt in ihr »die *Dynamik des göttlichen Wortes* zur Geltung«, das etwas Heilsames bewirkt, d.h. die heilsgeschichtliche Theologie kann das »Vorwärtsdrängen des Wortes bis hin zu den letzten Zielen Gottes (vgl. Matth. 5,18) am besten nachvollziehen.« – »Fünftens ist heilsgeschichtliche Theologie immer zukunftsorientiert«, d.h. sie weiß, daß sie »in dem Spannungsbogen von *Prophetie und Erfüllung* lebt.«

Die tiefenpsychologische und die assoziative Bibelbegegnung wird diesem Sachverhalt nicht gerecht. Sie will bewußt einen neuen Zugang zur Bibel, der »den ganzen Menschen« berücksichtigt. Das althergebrachte Verstehenskonzept sei zu stark kopflastig. Es würde nur zu »Bibelwissen« führen und den gesamten Bereich der Gefühle unberücksichtigt lassen. Demgegenüber sei beim Bibellesen die Bilderwelt der Seele vermehrt in Betracht zu ziehen, um offen zu werden für die vom »Heiligen Geist« bewirkten neuen Gottesvorstellungen.[109] Die Auswirkungen dieses Ansatzes »bildhaften Denkens« führen zum »freien Assoziieren« der eigenen Bilder mit dem Text der Bibel. Beim Bemühen, »anschaulich« zu sein, sucht man nach immer neuen Vergleichen, die dem Seelenleben heilsam und eindrücklich sind. »Phantasievoll« ordnet man Bilder aus dem Natur- und Seelenbereich geistlichen Wahrheiten der Bibel zu, um sie besser »begreiflich« zu machen. Dies geschieht einmal verbal, ein anderes Mal visuell. Sehr beliebt sind aus diesem Grund die mittlerweile Legion zu nennenden Meditations- und Bilderbücher, die dazu einladen, die heilsame Kombination von *Wort und Bild* »auf den Betrachter einwirken zu lassen«.

Die Bibel bekommt in diesem ganzen Prozeß den Stellenwert eines Lesebuches, in dem es manche interessante Stücke, aber auch Unbrauchbares zu finden gibt. In der »Begegnung mit dem Text« wird viel *hinein-*, statt *heraus*gelesen. *Eisegese,* die eigene spontane Vorstellungen in den Text hineinflicht, hat die saubere, den gesamten heilsgeschichtlichen Kontext miteinbeziehende *Exegese* weitgehend abgelöst. Der meditative Umgang mit der Bibel hat den philologisch-theologischen in weiten Teilen ersetzt. Eine Akzentverschiebung hat stattgefunden: es geht nicht mehr in erster Linie darum, die ursprüngliche Bedeutung eines biblischen Textes in seinem heilsgeschichtlichen Zusammenhang zu erklären und als Botschaft dem Menschen von heute zu erschließen, also um den autoritativen Charakter der Bibel, sondern um die kontextuale Begegnung mit der Schrift, die den eigenen Lebenshorizont des Lesers so stark mit berücksichtigt, daß es zu einer den biblischen Anspruch und das Bedürfnis des Lesers auf eine Ebene stellende Begegnung kommt. Die Folge davon sind vielfach neue Gottesvorstellungen. Luthers Warnung vor dem »gemalten Gott« wird leichtfertig in den Wind eigener kreativer Deutung geschlagen. Die Phantasieprodukte des modernen Bewußtseins stimmen nicht mehr mit der biblischen Gottesoffenbarung überein. Der autoritative Ausspruch: »So spricht der HErr!«, wird der einfühlsamen Solidaritätsbekundung mit dem leidenden Menschen geopfert.

2. Das neue Gottesbild

a) Die »Zärtlichkeit Gottes« wider den »angstmachenden Gott«

Schreckgespenst aller für das neue Bewußtsein sensibilisierter Zeitgenossen sind die »angstmachenden und abschreckenden Gottesbilder«. Diese würden auf zweierlei Weise gebildet. Einmal habe jeder Mensch seine durch Erziehung und gegenwärtige Umwelt geprägten Gottesbilder.

> »Wie schon erwähnt, ist das Gottesbild, das wir in uns entwikkeln, gefärbt und geprägt von den Beziehungen, die wir zu den ersten Bezugspersonen in unserem Leben hatten.«[110]

Aus dem Grund kann es sehr verhängnisvoll sein,

> »wenn das negative Vaterbild auf Gott übertragen wird. Gott als Vater ist in der Vorstellung vieler Menschen männlich-autoritär.[111]

Als klassisches Beispiel für einen Menschen, der Angst vor Gott hatte, weil er unter einer zu strengen Vaterfigur in seiner Kindheit leiden mußte, wird uns Martin Luther vorgeführt.[112]

> »Luther – so meinte man – habe eine typisch christliche Vatererziehung gehabt. Sein Vater habe ihn brutal in seiner Lebensent-

faltung unterdrückt und ihm – in typisch frauenfeindlich-christlicher Mentalität – die Mutter, die Frau, geraubt ... Eine brutal einseitig männliche Erziehung nach dem Bilde des schrecklichen biblischen Gottvaters habe die Mutter einfach aus der Welt des Kindes verdrängt ... Die Antwort auf diesen Raub sei dem Luther eine sich zum Gotteshaß wandelnde Angst vor Gott gewesen ... Die Psychologen sagen: Luther hat die Unterdrückung durch seinen Gott nicht überwunden. Luther hat niemals gegen Gott rebelliert. Im Gegenteil: Luther wurde der gehorsamste Sklave dieses Gottes. Er hat sich diesem schrecklichen Vatergott blind unterworfen ... Und wie steht es mit Luthers froher Botschaft von der Erlösung durch Christus? Luthers Glaube an Christus sei – so meinen diese Psychologen – in Wirklichkeit nur Verzweiflungsmystik gewesen. Die frohe Botschaft, die Luther sich selbst zusprach, war die Erkenntnis, daß man gegen Gott doch nicht ankomme.«

Die zweite Ursache der angstmachenden Gottesbilder liege neben der Erziehung und Vaterfixierung aber *in der Bibel selbst.* Besonders im Alten Testament, aber auch bei Paulus, lägen diese Glauben und Leben negativ prägenden, die Entwicklung zur reifen Persönlichkeit hindernden Gottesvorstellungen vor.

»Bei manchen Bibelversen formt sich ... das Bild eines tyrannischen, grausam zerstörerischen und strafenden Gottes, und die Menschen erleben dann auch ihre Gottesbeziehung einseitig, durch solche angstmachenden Gottesbilder bestimmt, die ihren Glauben beengen und ihre Frömmigkeit zur Gesetzesreligion machen können ... Nur bei einem dynamischen Verständnis der Bibel können die angstmachenden und abschreckenden Gottesbilder überwunden werden und die heilenden Vorstellungen von Gott Raum gewinnen.«[113]

Das gesamte Alte Testament erscheint aus diesem Grund problematisch und verdächtig.

Bereits 1970 schrieb Becker:

»So ist ein Hauptfaktor allen religiösen Lebens die Angst, Angst vor Gott. Der, der da Befehle gibt und Forderungen stellt, der zur Entscheidung ruft, Segen oder Fluch zu wählen (5. Mose 30,1–3), ist ein Gott furchtbarer Gerichte, ein *Gott der Willkür,* ein Gott, für dessen Ehre ständig Ströme von Blut fließen müssen. Das Gebrüll der Opfertiere im Tempel an den großen Festtagen muß eine schauerliche Begleitmusik gewesen sein ... Angst beherrschte den Hohenpriester, wenn er ins Allerheiligste gehen mußte, und Angst erfüllte das Volk, wenn er wieder herauskam und ein Wort Gottes mitbrachte. Furchtbar waren die Strafen der Sünde. Ungehorsame Kinder wurden vor versammeltem Volk gesteinigt, ebenso Ehebrecher ...«[114]

Dieser »Gott der Willkür«, wie er im AT beschrieben werde, könne unmöglich der Gott Jesu sein, wird nun einhellig behauptet. Auch P. Hahn kann dieses Gottesbild, wie es sich im AT zeigt, und das auch »das ... der Evangelisten und noch mehr das des Paulus« zu sein scheint, nicht länger für sich in Anspruch nehmen. Denn dies sei nicht das Gottesbild Jesu!

»Jesus hat ein neues Bild von Gott entworfen.«[115]

Dies sei so anders, daß es kaum zu glauben sei, daß man beide Gottesbilder in ein und derselben Bibel finden könne.

P. Hahn, den diese Erkenntnis der beiden Gottesbilder, des »Straf- und Rachegottes« einerseits und des »liebenden Gottes« andererseis, nach eigenen Aussagen »in größte Konflikte und Glaubenszweifel« brachte, – »waren das denn zwei verschiedene Götter, oder hat sich Gott vom Alten zum Neuen Testament gewandelt?« – fand Klärung in einem »Gespräch mit der Tiefenpsychologin Hanna Wolff ...: Nicht Gott ist es, der sich wandelt, sondern wir Menschen machen uns ein Bild von Ihm, und das untersteht Wandlungen«[116]. Hier haben wir also die Auflösung der quälenden Spannung. Innerhalb der Bibel gebe es, genauso wie heute, verschiedene Gottesbilder, die sich im Laufe ihrer Entwicklung gewandelt hätten. Jesus habe die angstmachenden Gottesbilder des AT endgültig überwunden und an deren Stelle die neuen, heilsamen Vorstellungen von Gott gesetzt.

Diese Gedanken sind im Prinzip nichts anderes als die Neuauflage des progressiven Idealismus, wie er z.B. in der Philosophie Hegels entwickelt und durch Vatke und Wellhausen in die Theologie eingebracht wurde: die Religion habe sich aus den primitiven Anfängen des Animismus und Polytheismus allmählich zum Mono- und dann speziell in Israel zum Henotheismus empor entwickelt. In seinen Anfängen sei das Alte Testament recht primitiv und ordinär, was sich z.B. in den mancherlei Anthropomorphismen äußere.

Wie sieht aber das Gottesbild Jesu aus?

W. Becker und U. Schaffer meinen, mit Jesus beginne »eine neue Ära der menschlichen Geschichte«, indem Gott »an die Stelle des Gerichtes Gnade und Vergebung setzt.«

»Gott hat das Gerichtsverfahren eingestellt. Der Ankläger ist zum Schweigen verurteilt. Die Akten sind geschlossen. Es besteht kein Grund mehr, sich vor Gott zu fürchten. Die Versöhnung für die ganze Welt ist geschehen.«[117]

Das Wesen des Gottes, den Jesus verkündige, sei Leben, Licht, Liebe, und zwar ausschließlich.

»Gott hat sich für die Liebe entschieden und damit für die Machtlosigkeit.«[118]

Weil Er sich so einseitig festgelegt hat, »hat Er auch damit auf Gewaltanwendung und Strafe verzichtet«[119]. Wie kann auch der Schöpfer Seine Geschöpfe verderben?

»Gott hat Vertrauen in Seine Schöpfung und Seine Geschöpfe.«[120]

Er »glaubt nicht an einen Untergang der Welt und an einen Triumph des Bösen.«[123]

Weil Gott Liebe ist, brauche er »keine raschen Lösungen und schnellen Erfolge«.

»Gott hat einen langen Atem. Seine geduldige Liebe ist auch nicht ein Ausweichen vor der Konfrontation. Gott ist kein Gegner, weil Er sich nicht zum Feind machen läßt. Er ist immer *für* den Menschen, ganz gleich, ob der Mensch für ihn ist oder nicht.«[122]

Ganz ähnlich jubelt P. Hahn:

»Welch einen ganz anderen Gott zeigt uns da doch Jesus. Er ist ein Gott der Liebe, ohne Vor- und Nachleistungen, ohne Wenn und Aber.«

»Heute kann ich Gott, der doch unser aller Vater sein will, nicht mehr so blutrünstig und rachesüchtig wie früher sehen. Er, der uns nach Jesu Aussage gebot, selbst unsere Feinde zu lieben, soll Seine eigenen Geschöpfe und Kinder nur nach einem dargebrachten Menschenopfer, und das noch von Seinem erstgeborenen Sohn, annehmen und lieben können?«[123]

Gänzlich unvorstellbar ist für das neue Bewußtsein, daß Gott »Seinen eigenen Sohn nicht schonte, sondern Ihn für uns alle dahingegeben hat« (Röm. 8,32). Der Gott Jesu brauche nicht erst versöhnt zu werden durch »blutige Opfer«. Gottes Liebe fordere nichts und könne »durch kein Sündopfer erkauft werden«[124]. Man könne auf direktem Weg zu Gott gelangen. Gottes Liebe sei so zärtlich, wie Jesus es verkündet und gelebt habe.

»Die neue Sprache, die alle Menschen verstehen, ist die Sprache der Zärtlichkeit. Sie ist bei Jesus zu lernen.«[125]

Da ist kein Raum mehr für Herrschafts- und Autoritätsansprüche Gottes. Er läuft dem verlorenen Sohn entgegen und gibt ihm Würde.

Gott »hat sich verwundbar gemacht, Er hat sich uns gleichgestellt, ist als Mensch unser Partner geworden. Wir können das immer noch nicht glauben. Wir sind es, die den Abstand zu Gott herstellen, nicht Gott.«[126]

Gott sei unter uns, ja noch mehr,

> Gott »hat in uns Menschen Wohnung gemacht ... nicht als Hausherr, sondern als Gast. Er hat auf Seine Macht verzichtet und kommt als Bittender. Er hat darauf verzichtet, allein zu wirken und sich so zu Seinen Jüngern gestellt und sie zu Königen gemacht.«[127]

Das Bild Gottes, das Jesus neu gebracht hat, zeigt Gott ganz anders als gemeinhin, auch von den großen Aposteln im NT angenommen wird. A.V. Bauer verkündet:

> »In den Augen Jesu hat Gott, der Vater im Himmel, keine Freude am Blut und an den Schmerzen seiner geschlachteten Geschöpfe. Der Gott Jesu schaut nicht lustvoll auf Blut und Leiden. Erst recht ist ihm das Schlachten von Menschen, gar von erstgeborenen Söhnen, ein Greuel. Natürlich das des eigenen Sohnes auch. Gott leidet mit dem hingerichteten Jesus. Jesus richtet ein neues Bild Gottes auf und hebt die alte religiöse Welt aus den Angeln.«[128]

Dieses neue Evangelium gelte nun für alle Menschen. Alle seien mit eingeschlossen in dieses Heilshandeln Gottes. Nicht länger dürften mehr die Angstmacher ihre Drohbotschaft, vielmehr sollten die Verwandelten ihre Frohbotschaft von der zärtlichen Liebe Gottes verkünden. Wenn die Gerichtsakten geschlossen, das Verfahren eingestellt und die Ankläger zum Schweigen verurteilt sind, dann haben angstmachende Gottesvorstellungen keinen Platz mehr. Freude kann sich breitmachen. Festfreude für die neue Menschheit. Dies zeigt sich bei Ulrich Schaffer dann so:

> »Denke an Gott,
> nicht als Gott,
> sondern als Freund,
> den du besuchen kannst.
> Schreib ihm einen Brief.
> Rede mit ihm am Telefon,
> ohne eine Nummer zu wählen.«[129]

Gott ist nicht mehr der Allmächtige, sondern der zärtliche Partner, der freundliche Götze, der alle Menschen zu sich an seine Brust zieht, der als Gast zu Königen kommt, der menschliche Gott, der den Menschen vergöttlicht. Hat man sich erst einmal von der biblischen Gottesoffenbarung gelöst, kommt man zu Aussagen, die nur noch pantheistisch genannt werden können. Wie weit der Prozeß der Loslösung von dem biblischen Gott gehen kann, demonstriert Schaffer in folgender Lyrik:

> »manchmal dieses ausstrahlende bedürfnis
> gott nicht mehr zu erwähnen
> ihn nicht anzurufen

nicht bitten und anbeten
weil alles
eine schleichende form
des mißtrauens ist
dieses glaubens daß alles bewußte
mehr ist als die ausgestreckte seele
oder der sehnsüchtige geist

gott ist die anziehungskraft der erde
ist die luft
ist die berührung zweier gedanken
in mir glaubt es und ich folge ihm«[130]

Die Zärtlichkeit Gottes allen Menschen bewußt zu machen, hat sich das neue Bewußtsein zum Ziel gesetzt. Wer nach Christus noch vom Zorn Gottes zu reden wagt, macht sich verdächtig, krankhaften Gottesvorstellungen verhaftet zu sein.

b) Die biblische Gottesoffenbarung in der polaren Spannung von Heiligkeit und Liebe

Weil das neue Bewußtsein so einseitig von Gottes Liebe spricht, erscheint es uns notwendig, etwas ausführlicher auf das biblische Offenbarungszeugnis vom Wesen und Wirken Gottes einzugehen. Kein Mensch kann von sich aus Aussagen über Gott und Sein Wesen machen! Gott ist dem eigenmächtigen aktiven Zugriff des Menschen verborgen. Das ist die Not des Menschen nach dem Sündenfall. Er ist auf sich selbst gestellt und damit entstellt. In der Heilsgeschichte tritt Gott aus dieser Verborgenheit heraus und offenbart sich und Seinen Namen. Das ist Gnade. »Ich bin, der Ich bin!«, so offenbart sich souverän der ewige Gott als *Heiliger,* vor dem die Menschen erzittern und sich verstecken müssen. Er erweist sich als der absolute Herr. Einige hundertmal wird in der Bibel dieses göttliche »Ich bin . . .« erwähnt. Im Gegensatz zu anderen Religionen geht es in der Gottesoffenbarung nicht um *das* Heilige, sondern um Gott, *den* Heiligen. »Geheiligt werde Dein Name!« ist die erste Bitte des Unser-Vaters. Jesus betet im hohenpriesterlichen Gebet: »Heiliger Vater, erhalte sie bei Deinem Namen.« (Joh. 17,11)

Was ist Heiligkeit?[131] Sie ist »die Wesensart Gottes, das was sie von allem anderen unterscheidet, die Wesenstranszendenz Gottes, das ›ganz Andere‹.«[132] Dem hebräischen Ausdruck kadosch »heilig« liegt eine Vorstellung des Scheidens zugrunde. Nur der, der sagt: »Ich, ich bin der HErr und außer Mir ist kein Retter« (Jes. 43,11), kann »der Heilige Israels« sein. Um diese Heiligkeit Gottes ging der Kampf zwischen Jahwe und den Göttern Kanaans. Darum ist auch das Bilderverbot von so entscheidender Bedeutung. In ihm kommt die heilige Unvergleichbarkeit Gottes zum Ausdruck. »Du sollst keine anderen Götter haben neben Mir« (2. Mose 20,3). Dieses Gebot zeigt die *absolute Intoleranz Gottes!* Gott kann nicht jemanden oder etwas anderes neben sich dulden, schon gar nicht Fleisch oder Finsternis und Sünde. Dieser biblischen Aussage wird heute im Zeitalter der Toleranz natürlich heftig widersprochen. Zu unrecht, wie sich zeigen wird.

> »Wenn Toleranz nichts anderes heißen soll als Verzicht auf irgendwelche Gewaltmittel zur Ausbreitung des eigenen und zur Abwehr des anderen Glaubens, so folgt aus dem rechten Verständnis der christlichen Gotteslehre mit Notwendigkeit die vollkommenste Toleranz.«[133]

Gott hat es nicht nötig, daß Sein Reich mit Feuer und Schwert, Ketzerverbrennung und Taufzwang ausgebreitet wird.

> »Es soll nicht durch Heer oder Kraft geschehen, sondern durch Meinen Geist, spricht der HErr« (Sach. 4,6).

In diesem Geist hat Jesus in der absoluten Gewaltlosigkeit gelebt.

Gerade in dieser Beziehung hat die Kirche sich immer wieder aufs Schwerste versündigt. Ihre Geschichte ist ein trauriges Zeugnis dieser Verwechslung von Geist und Fleisch, Reich Gottes und Welt. Soll also die Kirche aus ihrer dunklen Vergangenheit heraus nun doch endlich zu der Toleranz kommen, wie Lessing sie klassisch in »Nathan der Weise« forderte und wie sie heute in der ökumenischen Theologie bereits praktiziert wird? Der aufklärerische Toleranzbegriff Lessings kommt allerdings in der inneren Duldung des Andersglaubenden, in dem Nichtgeltendmachen der absoluten Offenbarungswahrheit gegen den Andersglaubenden einem *Relativismus* gleich, für den es absolute Wahrheit nicht gibt. Wenn in der Ringparabel alle drei Religionen gleich gültig nebeneinanderstehen, sind sie letztlich gleichgültig! Gott, wie Er sich im Wort und in Christus offenbart, muß absolut intolerant anderen Wörtern gegenüber sein! – Auch Sein Heilsanspruch ist absolut!

> »Es ist in keinem anderen Heil, ist auch kein anderer Name unter dem Himmel den Menschen gegeben, darin wir sollen gerettet werden« (Apg. 4,12).

Im Namen Jesu offenbart sich Gottes absolute Wahrheit. Sie wird nur in der personalen Begegnung am Kreuz erfahren, nie in der distanzierten theologischen oder philosophischen Erörterung!

Ein weiterer Begriff, der mit der Heiligkeit Gottes aufs engste zusammenhängt, ist der dem biblischen Denken grundlegende Begriff der *Ehre Gottes.* Gott will als Gott *anerkannt* sein! Er will, »daß alle Lande Seiner Ehre voll werden« (Ps. 72,19).

> »Alle Zungen sollen einmal bekennen, daß Jesus Christus der HErr sei, zur Ehre Gottes, des Vaters« (Phil. 2,10f).

Gott will bei Seinen Geschöpfen als der HErr zur Geltung kommen. Er will angebetet werden. Ihm gebührt alle »Ehre und der Ruhm und die Gewalt von Ewigkeit zu Ewigkeit« (Offb. 5,13). Die Ehre Gottes ist das Ziel menschlicher Berufung und Existenz. Alle Menschen ermangeln von Natur aus dieser herrlichen Ehre Gottes und können Gott nur im Zerbruch der eigenen Ehrsucht verherrlichen.

Andererseits »offenbart sich *Gottes Zorn* vom Himmel her über alle Gottlosigkeit und Ungerechtigkeit der Menschen, welche die Wahrheit durch Ungerechtigkeit aufhalten« (Röm. 1,18). Dieser Zorn Gottes ist kein menschlicher Affekt der Willkür, kein Anthropomorphismus, sondern das *Ernstnehmen Seiner Heiligkeit!* Nähme Gott sich selbst nicht ernst, nähmen die Menschen Ihn auch nicht ernst. Negativ wirkt sich dieser Ernst als Widerstand Gottes gegen den Widerstand des Menschen aus. »Gott läßt sich nicht spotten!« (Gal. 6,7). Dieser göttliche Widerstand ist seine *unnachgiebige* Liebe! Angesichts der Offenbarung dieser göttlichen Majestät kommt sich der Mensch klein und nichtig vor. »Wehe mir, ich vergehe . . ., denn meine Augen haben den König, den HErrn der Heerscharen gesehen« (Jes. 6,5). Der Mensch ist nicht Partner Gottes, der ihn anlächelt und mit ihm redet, wie man am Telefon miteinander plaudert. Vor dem heiligen Gott muß man in die Knie! Die demütige Anerkennung der Majestät Gottes ist die angemessene Reaktion auf die göttliche Heiligkeit, ist *Ehrfurcht vor Gott.*

Diese erste Offenbarungsbewegung Gottes ist in ihrer Heiligkeit also »abstoßend«, distanzschaffend, Grenzen aufrichtend.

> »Komm nicht näher herzu! Zieh deine Schuhe aus von deinen Füßen, denn der Ort, darauf du stehst, ist heiliges Land!«,

läßt Gott Mose wissen (2. Mose 3,5). Vor der Gottesbegegnung am Sinai ordnet Er an:

> »Mache dem Volk ein Gehege ringsum und sprich zu ihnen: Hütet euch davor, auf den Berg zu steigen und seinen Fuß anzurühren. Denn wer den Berg anrührt, der soll des Todes sterben!« (2. Mose 19,12)

Der Mensch kann nicht auf direktem Weg zu Gott vorstoßen, weil Gott heilig, der Mensch aber sündig ist. Die Bibel zeigt diese Heiligkeitslinie durchgängig bis zu ihrem letzten Buch, der Offenbarung, wo vom »Zorn des Lammes« die Rede ist, vor dessen Angesicht die ungläubigen Menschen fliehen, weil sie Seine heilige Herrlichkeit nicht ertragen! (Offb. 6,14–17)

Diese erste Offenbarungslinie ist aber unzertrennlich mit einer *zweiten* verbunden, die sie vollendet. Gott will Anerkennung, aber eben von Seinen von Ihm getrennten Geschöpfen in Freiheit und Liebe. Wo dies Soli Deo Gloria – »allein Gott die Ehre!« – in aufrichtigem, anbetendem Bekenntnis erschallt, da ist Gottesnähe und Gottesgemeinschaft. Und das ist das eigentliche *Ziel Gottes*, daß Er unter Seinem Volk *wohnt*, daß Er mitten unter ihnen ist, daß sie bei Ihm, dem Unnahbaren, sind. Wenn aber dieses Ziel niemals vom Menschen aus erreicht werden kann, dann nur von Gott aus. Und genau das geschieht.

Diese starke, Grenzen überwindende, Schranken der Schuld durchbrechende und Gemeinschaft stiftende Kraft Gottes ist Seine *Liebe!* Man könnte sie auch mit Emil Brunner [134]) *»transitive Heiligkeit«* nennen, die Heilskraft, die den Menschen zum Ziel bringt. »Ihr sollt heilig sein, denn Ich bin heilig!« (3. Mose 19,2; 1. Petr. 1,16).

Die Liebe Gottes ist der »Gipfel« biblischer Offenbarung. Es geht um die Liebe des *heiligen* Gottes. Deshalb kann von der Liebe Gottes nur gesprochen werden aufgrund Seiner Heiligkeit! Aber es geht auch um die Heiligkeit des Gottes, der Liebe ist. Heiligkeit und Liebe sind nicht voneinander zu trennen. Die Botschaft, daß Gott Liebe ist, ist in der Welt der Religionen völlig einzigartig.

Sehr eindrücklich wird die *grundlose* Liebe Gottes zu Seinem Volk bei Hosea verkündet. Die Treue Gottes zu Seinem untreuen Volk quillt aus einer unbegreiflichen Liebe, für die die »unsinnige« Liebe Hoseas zu einer Hure das angemessenste und von Gott selbst angeordnete Gleichnis ist. Der Bund Gottes mit Israel gründet nicht in den Vorzügen dieses Volkes – im Gegenteil: es ist »das geringste unter allen Völkern« (5. Mose 7,7), sondern einzig und allein in Gottes erbarmender Liebe! Also nicht, weil es wertvoll ist, liebt Gott es, sondern obwohl es nichts Besonderes darstellt!

Im Neuen Testament erreicht die Liebe Gottes ihren Höhepunkt in der Sendung des »Sohnes Seiner Liebe« (Kol. 1,13). Diese allein von Gott ausgehende Tat macht uns erst deutlich, was Liebe ist. »Das ist die Liebe, nicht daß wir Gott geliebt haben, sondern daß Er uns geliebt hat« (1. Joh. 4,10).

Was göttliche Liebe – Agape – ist, wird wohl am ehesten im Vergleich mit der menschlichen Liebe deutlich. Als einer der ersten hat Anders Nygren[135] darauf hingewiesen. *Eros* im weiteren Sinn ist das *Begehren* dessen, was man nicht hat. Eros ist darum auf einen bestimmten Wert gerichtet, ist also die Liebe, die im Geliebten ihren Grund hat. Man liebt, weil das Objekt liebenswert ist. Eros wirkt in allen Bereichen der uns bekannten Liebe: in der Liebe, die der Dichter besingt, die Mann und Frau zueinander hinzieht, oder die sich an allem Schönen entzündet.

Ganz anders ist die *Liebe Gottes*, die *Agape* des Neuen Testaments. Sie ist nicht werterstrebend, sondern wertgebend, nicht begehrend, sondern schenkend. Sie ist nicht im *Wertvollen* begründet, sondern wendet sich dem *Wertlosen* zu. So »beweist Gott Seine Liebe zu uns damit, daß Christus für uns gestorben ist, als wir noch Sünder waren« (Röm. 5,8), ja »Gottlose« (5,6) und »Feinde« (5,10). Diese Liebe ist streng genommen unbegründet und unbegreiflich. Sie ist Selbsthingabe im Opfer (Eph. 5,2), dem anderen zugut! Sie hat in nichts ihren Grund als allein im Heilswillen Gottes!

Das führt uns aber nun zum entscheidenden Punkt der ganzen Gottesoffenbarung, den Emil Brunner die »Kardinalfrage der Theologie« nennt: *Wie verhält sich die Liebe Gottes zu Seiner Heiligkeit?* Oder anders ausgedrückt: Wie gestaltet sich das Zueinander von Gericht und Gnade? Das neue Bewußtsein macht es sich da einfach. Als Ausdruck der verschiedenen »Gottesbilder« innerhalb der Bibel wird das eine gegen das andere ausgespielt. Das Bild vom zürnenden Gott wird überwunden und vom Bild des freundlichen Gottes abgelöst. Man entscheidet sich einfach für die »Zärtlichkeit Gottes« und somit gegen Seine Heiligkeit. Es ist erschütternd zu sehen, wie die »Apostel« des neuen Bewußtseins und ihre vielen Sympathisanten und Jünger hier die biblische Offenbarung im Kern auflösen und zu einem total anderen Evangelium kommen. Und noch erschütternder ist die Beobachtung, wie schnell und gern diese Gedanken des eindimensionalen, spannungs- und profillosen Gottes- und Weltverständnisses in christlichen, auch evangelikalen Gemeinden aufgenommen werden.

Man will tatsächlich wieder die Mythen vom lieben Gott hören, sich das Opium von der billigen Gnade injizieren lassen, die Augen verschließen vor der Radikalität des Gottes, der sich im Gericht offenbart. Man hat eine panische Angst vor dem angstmachenden Gott und flieht deshalb in die seichten Gefilde repressionsfreier und antiautoritärer Räume. Weil man nicht in der Lage oder gewillt ist, durch die Angst hindurchzugehen, um sie im Glauben zu überwinden, rettet man sich in Wohlfühl-Nischen, in denen »Religion Spaß macht«. Wir müssen die Spannung der biblischen Gottesoffenbarung ertragen, oder wir gehen in die Irre!

Dieses Problem des Zueinanders von Gericht und Gnade, von Heiligkeit und Liebe, hat wohl kein geringerer als Martin Luther am tiefsten erfaßt. Auch wenn man kein Lutheraner ist, wird es doch hilfreich sein, seine Gedanken zu kennen.[136] Die wahre und einzig gültige Heilserkenntnis Gottes kann nur in seiner Offenbarung in

Christus gewonnen werden. In Jesus tut sich Gott kund, wer und wie Er wirklich ist. In Ihm ist Er der *Deus revelatus* – der offenbare Gott, »ein Abgrund ewiger Liebe«. Die Offenbarung und Mitteilung dieser Liebe, das Werk schenkender Gnade, ist Gottes ureigenstes Werk, sein *opus proprium.* Durch dieses Wirken schafft Gott den Glauben, durch den Er allein Seine Ehre bekommt. Dieser Glaube setzt nun aber voraus, daß sich der Mensch in seiner Sünde erkennt und sie bereut. Dies wiederum geschieht jedoch nur da, wo er sich dem Gericht Gottes unterstellt. Ehe Gott Leben, Liebe und Gnade schenken kann, muß zuerst der alte Adam sterben.

> »Das sind nun zwei Gotteswerke, von der Schrift vielmal gepriesen, daß Er tötet und lebendig macht, verwundet und heilt, verderbt und hilft . . .[137]

Weil der Mensch aber nicht gerne Sünder ist und stirbt, anders jedoch nicht zum Heil gelangt, muß Gott, um Sein ureigenes Gnadenwerk tun zu können, ein *fremdes Werk,* das *opus alienum* tun. Fremd ist es deshalb, weil es nicht aus dem eigenen Willen Gottes hervorkommt, sondern ihm durch den sündigen Widerstand des Menschen aufgenötigt wird. Die Sünde des Menschen, sein Widerstand, ist schuld daran, daß Gott dies fremdartige Werk tun, daß Er Seinen Zorn zeigen muß! Die Sünde nötigt Ihn, den Menschen »den Rücken zuzukehren«[138], Sein »Werk zur linken Hand«[139] zu tun, statt des Gnadenwerkes »zur rechten Hand«.

Dieses Wirken Gottes kulminiert im Kreuz Jesu Christi, das einerseits Gottes Zorn, Sein »fremdes Werk« sichtbar macht, andererseits aber, wo es in Buße und Glauben des Sünders sein Ziel erreicht, das ureigenste Werk der Gnade Gottes ist! Nur hier am Kreuz treffen sich Gericht und Gnade, Gottes Zorn und Sein großes Erbarmen, in einer für den natürlichen Menschen nur »skandalös« zu nennenden und völlig töricht scheinenden Weise (1. Kor. 1,18.23). Hier am Kreuz, mitten im *Gericht,* geschieht die *Rettung* der Welt. Schon in 2. Mose 6,6 hat Gott diese Wirklichkeit vorgebildet:

> »Ich bin der HErr und will euch aus den Lasten Ägyptens herausführen und will euch von ihrer Knechtschaft *erretten* und will euch durch einen ausgestreckten Arm *und große Gerichte erlösen!*«

Die Erlösung geschah und geschieht im Gericht! Um diese Wahrheit wird heute gekämpft.

Wenn es nun aber nicht zur Wende des Sünders kommt, zum Glauben an Jesus, dann »bleibt er unter dem Zorn Gottes» (Joh. 3,36). So ist der Zorn, auch wenn er nicht Gottes eigentlichem Willen entspricht, doch Seine heilige Wirklichkeit, in der Er sich selbst ernstnimmt, ja um Christi willen ernstnehmen muß! Weil Christus allein der Weg, die Wahrheit und das Leben, das Licht ist, darum kann es nicht anders sein, als daß außerhalb Christi Finsternis, Tod und Verderben ist.

> »Darum ist allzeit zwischen den Menschen und Gott Feindschaft, und sie können nicht Freunde sein und miteinander übereinstimmen; und wo die zwei Personen gegeneinander laufen, da muß der Mensch zu Trümmern gehen, denn er kann nicht bestehen.«[140]

Der Glaube aber ist jene Wende, in der sich der Mensch dem göttlichen Gericht unterzieht, seinen Widerstand aufgibt und vom Gott des Zorns zum Gott der Gnade flieht. Hier müssen die Menschen »durch Seinen Zorn durchbrechen und appellieren und sich berufen von Seinem Richterstuhl zu Seinem Gnadenstuhl«.[141]

Heil, Gnade und Frieden wird also nur, und wirklich *ausschließlich,* in Christus und Seinem Opfertod erlangt! Im Selbstgericht, d. h. aber in der Erkenntnis: »Gott, Du hast recht, ich bin ein Sünder!«, gewährt Gott Vergebung und Heil. Ohne diesen schmerzhaften Durchbruch durch die enge Pforte gelangt man nicht zum Leben. Geistliches Leben beginnt mit dem Tod des Sünders. Licht leuchtet aus der Finsternis.

An dieser Stelle werden alle humanen Lichtfreunde zuschanden, weil sie das sog. »göttliche Licht« einfach mit ihrem eigenen Lichtfunken zusammenbringen wollen. Wo der Mensch nicht zum gekreuzigten Heiland kommt, wo er meint, Gott direkt von Angesicht oder in der Tiefe seines Selbst begegnen zu können, da steht er vor dem zornigen, heiligen und richtenden Gott!

Jede natürliche Gotteserkenntnis – an Christus, dem Gekreuzigten, vorbei – führt unweigerlich zum zornigen, absoluten Gott. Der milde, zärtliche Gott außerhalb Christi ist eine Götzenfratze, die nichts mit dem Gott der Bibel zu tun hat! Der natürliche Mensch mit seinem noch so humanen Menschenbild steht solange unter dem Zorn Gottes, wie er nicht durch Offenbarung und Glauben in den Gnadenbereich Christi gerückt ist. Gnädig, freundlich und barmherzig ist Gott nur »in Christus«!

Die objektive Heilstat Gottes, unseres Retters, am Kreuz und das subjektive gläubige Erfassen und Annehmen dieses Geschehens für mich führen zum ewigen Heil. Für diese Tatsache den Menschen die Augen zu öffnen, »daß sie sich bekehren von der Finsternis zum Licht und von der Gewalt Satans zu Gott, *auf daß* sie Vergebung der Sünden und ein Erbteil unter den Geheiligten empfangen durch den Glauben an Mich!« (Apostelgeschichte 26,18), hat Jesus Seine Apostel und auch uns gesandt. Nur wer diese Umkehr erfahren hat, kann von Herzen Gott danken, »welcher uns errettet hat aus der Gewalt der Finsternis und *versetzt* in den Herrschaftsbereich des

Sohnes Seiner Liebe, in welchem wir die Erlösung haben durch sein Blut, die Vergebung der Sünden« (Kolosser 1,13). Die nun Gottes Kinder geworden sind, brauchen keine Angst mehr vor Gott zu haben, denn sie haben den Allmächtigen zum Vater bekommen. Paulus schreibt zärtlich in Röm. 8,15f:

> »Denn ihr habt nicht einen Geist der Knechtschaft empfangen, daß ihr euch abermals fürchten müßtet, sondern ihr habt einen Geist der Kindschaft empfangen, in welchem wir rufen: Abba, Vater! Dieser Geist gibt Zeugnis unserem Geist, daß wir Gottes Kinder sind.«

Als Sohn Gottes in Christus leben zu dürfen, in der »Freiheit des Heiligen Geistes« – denn »wo der Geist des HErrn ist, da ist Freiheit« (2. Kor. 3,17) –, erlöst zu sein von dem Herrschaftsanspruch der Sünde, des Todes und des Gesetzes (Röm. 8,2), das ist das Höchste, zu dem ein Mensch hier auf Erden gelangen kann. Er hat dies alles geschenkweise bekommen und kann deshalb nicht sich selbst, sondern nur Christus rühmen (1. Kor. 1,31), damit »die Gnade . . . den Dank überfließen lasse zur Ehre Gottes« (2. Kor. 4,15). Muß er sich doch einmal rühmen, dann nur »seiner Schwachheiten«, »damit die Kraft Christi bei mir wohne« (2. Kor. 12,5.9). Wer einmal Gott in Christus erkannt hat, kann nicht anders als in tiefer Ehrfurcht Ihn anzubeten für Seine Gnade!

3. Jesuanismus

a) Neue Entdeckungen

Heute scheint sich eine Wiederentdeckung der religiösen Dimension für das Engagement in Politik und Umwelt anzubahnen. »Unsere religiöse, private und politische Existenz ist eine Einheit«[142], sagt Franz Alt. In diese neue Bewußtseinslage paßt auch das neue Reden von Jesus. War es bisher weitgehend von der Theologie »beschlagnahmt«, die Ihn in die verschiedensten Konzepte ihrer Christologie einordnete, so wird Jesus heute gerade von Nicht-Theologen wieder neu entdeckt und ausgegraben. Alt:

> »Nachdem ich einige Jahre an der Ausgrabung des verschütteten und an der Freilegung des übertünchten Jesus gearbeitet habe, kam der Jesus der Bergpredigt zum Vorschein.«[143]

Anleitung zum richtigen Graben bekam er von dem Vater des neuen Bewußtseins, C.G. Jung. So bekennt er, er habe »vor allem über die Bücher C.G. Jungs einen neuen Zugang zu Jesus von Nazareth und zu seinen zentralen Aussagen in der Bergpredigt gefunden«.

»Meine Quelle ist Jesus von Nazareth, aber die Psychologie Jungs hat mir zu meiner Quelle neuen Zugang verschafft.«[144]

Was hat es damit auf sich?

Für den Tiefenpsychologen C.G. Jung gehört die Religion zur Ganzheit der Person. Sie ist hier nicht der Ausdruck eines frommen Wunschdenkens, sondern ein wesentlicher Faktor der menschlichen Seele. Der Mensch kann nach Jung ohne Religion nicht ganzheitlich leben. Religion versteht er aber nicht als göttliche Offenbarung, sondern als kollektiven Ausdruck religiöser Erfahrung. Sie sei eine »besondere Einstellung des menschlichen Geistes« zu den Mächten: »Geister, Dämonen, Götter, Gesetze, Ideen, Ideale oder wie immer der Mensch solche Faktoren genannt hat, die er in seiner Welt als mächtig, gefährlich oder hilfreich erfahren hat.«[145]

Religion ist also bei Jung viel umfassender als die traditionellen theologischen und dogmatischen Definitionen. Sie hat ihren Sitz in der Psyche des Menschen selbst. Dort erscheinen Gottesbilder, die als archetypische Bilder dem Selbst ähnlich, bzw. identisch mit ihm sind.

»Daß die Gottheit auf uns wirkt, können wir nur mittels der Psyche feststellen, wobei wir aber nicht zu unterscheiden vermögen, ob diese Wirkungen von Gott oder vom Unbewußten kommen.«[146]

Letztlich kann man also nicht zwischen Gott und dem Selbst unterscheiden. Selbsterfahrung, die mit der Gottesbegegnung identisch ist, wird als Ziel menschlicher Existenz gesehen. Das ist aber nichts anderes als der Erlösungsweg der Gnosis und Mystik aller Zeiten.

Wenn also Jung von Gott redet, dann meint er nicht den biblisch bezeugten, in Raum und Zeit geoffenbarten »Gott Abrahams, Isaaks und Jakobs«, den »Vater unseres Herrn Jesus Christus«, sondern ein in den Tiefen des persönlichen und kollektiven Unbewußten liegendes Gottesbild, einen Archetypus, ein Phantom. Noch krasser wird der Unterschied zum Wort Gottes, wenn er von Christus spricht. Hier läßt sich deutlich sein spiritistischer Hintergrund nachweisen.

Im Alter von drei bis vier Jahren hatte Jung einen okkulten Phallustraum, dessen Bedeutung ihm erst als Erwachsener bewußt wurde. Im nachhinein deutet er ihn als »Initiation in das Reich des Dunklen«[147]. Die Entdeckung des rituellen Riesen-Phallus, Symbol für einen unterirdischen Gott, sei »eine von mir nicht gesuchte unterirdische Offenbarung« gewesen, sagt er selbst. Seit jener Zeit entwickelte er eine ausgeprägte Abneigung gegen Christus und sagt:

»Die Geschichte mit dem ›hér Jesus‹ war mir immer verdächtig vorgekommen, und ich habe sie nie wirklich geglaubt.«[148]

Das faustisch-dunkle Element lag ihm näher als die lichte Person des Heilandes der Welt.

»Faust . . . bedeutete mir mehr als mein geliebtes Johannes-Evangelium. In ihm lebte etwas, das ich unmittelbar nachfühlen konnte. Der johanneische Christus war mir fremd, aber noch fremder war der synoptische Heilbringer.«[149]

Klar, daß Christus ihm verdunkelt blieb und er Ihn nie als Retter erfuhr, obwohl er als 64jähriger noch einmal eine »alchimistische Christusvison« hatte, die ihn angeblich tröstete. Jedenfalls bekennt Jung:

»Ich konnte mich auch nicht mit der Ansicht befreunden, die Christus in den Vordergrund rückte und Ihn zur allein entscheidenden Figur im Drama von Gott und Menschen machte . . . Der ›hér Jesus‹ war mir unzweifelhaft ein Mensch und daher zweifelhaft.«[150]

Wenn heute Menschen bekennen, durch Jung einen neuen Zugang zu Jesus bekommen zu haben, muß man deutlich sagen, daß Jung einen anderen Jesus hatte als den biblisch offenbarten Sohn Gottes. Man darf den Einfluß Jungs auf das neue Bewußtsein nicht gering einschätzen.[151] Er ist der »spiritus rector« einer ganzen Generation von Menschen, die die religiöse Dimension als Voraussetzung für ein ganzheitliches Menschsein verkünden. Er ist der Initiator für eine neue Lebensart, die ihre Kraft aus den Tiefen des menschlichen Seins schöpft und auf Jesus, den von Gott gesandten Erlöser, verzichtet.

Herausgelöst aus den christologischen Kategorien der biblischen Theologie findet man jetzt einen neuen Zugang zu Ihm. In der »Unmittelbarkeit des Herzens«, mit dem »Gefühl« und besonders mittels tiefenpsychologischer Intuition erfährt man ihn heute neu. Er ist so menschlich und deshalb so sympathisch. Er ist als Menschenbruder Vorbild. Er »wollte . . . selbst doch nur Bruder unter Brüdern und Schwestern, Freund unter Freunden, Gottes Sohn unter Gottes Söhnen sein«, erkennt P. Hahn.

»Jesus selbst verstand sich immer nur als Weg – nie als Ziel.«[152]

Die neue Entdeckung an Jesus ist *die der ganzheitlichen Menschlichkeit.* Franz Alt:

»In Wirklichkeit ist Jesus wahrer Mensch und wahrer Gott, weil er ganzheitlich, das heißt, mit Verstand *und* mit Herz, mit Vernunft *und* mit Seele lebte, und weil daher Gott (im Jungschen Sinne! H.A.) ganz in ihm lebendig werden konnte.«[153]

Jesus sei also ein Prototyp des Menschen, der uns heute als Vorbild ganzheitlichen Lebens dienen könne. Er wird von den Vertretern des neuen Bewußtseins als Mensch gesehen wie wir auch, der uns durch das, was Er sagte und lebte, bei unserer Ganzwerdung und Selbstwerdung behilflich sein kann. Nach Alt ist die wichtigste Frage aller Menschen: »Wie werde ich wahrhaft Mensch?«[154] Antwort darauf könne nur die »Erkenntnis der göttlichen Offenbarung, wie sie in jedem Menschen angelegt ist«, sein.[155] Jesus sei solch ein Mensch gewesen, der sich selbst voll verwirklicht habe, indem er dem Göttlichen in seinem Leben Raum gegeben habe.

> Er »kam nicht als Christus auf die Welt – er wurde es durch sein Leben«.[156]

In diesem Selbstwerdungs- bzw. Gottwerdeprozeß »hat er sich in der Wüste seinem Schatten gestellt, das heißt, seiner eigenen Sündhaftigkeit. Er hat gerungen mit dem Bösen, der in ihm selbst war.«[157] Und erst nach »dieser psychischen Wandlung konnte er das Reich Gottes mit ungeheurer Kraft und Angstlosigkeit verkünden. Nur deshalb wirkt Jesus heute noch«.[158]

Das neue Bewußtsein redet menschlich von Jesus, weil es ihn als den wahren Menschen entdeckt hat. Es ist der Christologie gegenüber kritisch eingestellt. Sie wird als geschichtlicher Ballast zur Seite geräumt. Noch einmal ein Beispiel, wie dies geschieht. In einem Aufsatz mit dem Thema: »›Mein‹ Jesus . . .« macht der Autor unmißverständlich klar, welche Auffassungen von Jesus er ablehnt und welche er befürwortet:

> »Viele Christen glauben an einen ganz anderen Jesus als ich. Ich mag ihren Jesus nicht, ich finde ihn fies und widerlich.«

Und dann karikiert er die »krankhaften« Vorstellungen dieser Christen. U.a. sagte er:

> »Jesus das Opferlamm mag ich auch nicht. Er stirbt um unserer Sünden willen und setzt eben damit den alten Rachegott neu auf den Thron, der sich an Menschenblut freut und sogar den eigenen Sohn nicht schont. Wenn es der Höhepunkt des Lebens Jesu ist, am Kreuz zu verbluten, dann ist er der König aller Sadomasochisten und Urheber und Vollender christlicher Leidelust.«

Demgegenüber sieht der Jesus dieses Autors (Doktor der Theologie!) so aus:

> »Mein Jesus lebt hier auf Erden. Er will hier in der Welt unser Bruder sein. Er stellt Gott als gnädigen Vater vor. Er will nicht verängstigen. Er ist als der Sohn dem Vater aus dem Gesicht geschnitten und das Bild Gottes.«[159]

Jesus als Mensch unter Menschen, der eine vorbildliche Auffassung von Gott hatte, der ein vorbildliches Ethos vertrat, das in der Bergpredigt zu finden ist, so wird im neuen Bewußtsein von Jesus geredet. Ist Jesus zu reduzieren auf die Bergpredigt? Dieser Frage muß noch im folgenden Abschnitt nachgegangen werden.

b) An der Bergpredigt scheiden sich die Geister

Entweder ist die Bergpredigt »vor allem ein menschliches Dokument«[160], das Aussagen eines ganzheitlichen Menschen enthält, oder es ist die Magna Charta des Sohnes Gottes für seine Jünger, die aufgrund ihrer Wiedergeburt in der Kraft des Heiligen Geistes zwar »in dieser Welt«, aber nicht von ihr sind und nach den Prinzipien des Reiches Gottes leben. Entweder enthält die Bergpredigt »Leitlinien für eine heile Welt«, »Angebote für eine bessere Welt«, bzw. »weltverändernde« Moral, oder sie beschreibt die Lebensweise der Jünger Jesu, die inmitten einer durch die Sünde angenichteten Welt und Menschheit so in der Gesinnung Jesu leben, daß die Leute, die ihre guten Werke sehen, ihren »Vater im Himmel preisen« (Matth. 5,16).

Entweder gibt es »die Politik der Bergpredigt« für die ganze Welt, oder es gibt das Ethos des Reiches Gottes in dieser Welt als Zeugnis für die verlorene Welt. Entweder gibt es die Möglichkeit, weltweit Frieden zu machen, oder es gibt sie nicht. Entweder liegt in uns die natürliche Kraft, zu lieben wie Jesus, oder es zeigt sich in der Gegenüberstellung mit ihm die menschliche Lieblosigkeit von Natur aus. Entweder ist die Bergpredigt Anleitung zur Umwandlung des Bösen im Menschen und in der Welt, oder sie beschreibt den Lebensvollzug der bereits durch den Geist Gottes Verwandelten.

Muß das aber überhaupt ein Widerspruch sein: Weltverantwortung bzw. Weltveränderung und Heiligung? Ist nicht die Konstruktion falscher Alternativen die Crux, an der wir leiden? Ist die Bergpredigt nicht beides: revolutionäres Ethos zur Veränderung der Welt und Anleitung zur individuellen Heiligung? Ist diese unterschiedliche Auffassung der Bergpredigt nicht der Ausdruck eines verhängnisvollen Schismas zwischen Reich Gottes und Welt, zwischen Religion und Politik? Die Antwort wird im nächsten Kapitel noch ausführlicher zu geben sein. So viel muß hier aber schon gesagt werden: Das neue Bewußtsein sieht in der Bergpredigt die Anleitung zur Selbst- und Welterlösung. Sie wird aus dem geistlichen Beziehungsfeld des Jüngers zu seinem Herrn herausgelöst und in die Möglichkeit des natürlichen Menschen gestellt. Sie enthalte das Wesentliche der Botschaft des Mannes aus Nazareth, wird gesagt. Sie sei keine authentische Jesus-Rede, enthalte aber authentische Jesus-Forderungen, deren persönliche, gesellschaftliche und politische Konsequenzen nirgendwo sonst so deutlich zu sehen seien wie hier.

Gewaltverzicht, Friedensengagement, Sanftmut und Menschenfreundlichkeit sind nach dieser Ansicht typisch jesuanisch und damit eben Ausdruck eines ganzheitlichen Menschseins, das nicht nur die patriarchalen, sondern auch die matriarchalen Werte wie Vertrauen, Liebe, Verzeihen und Gefühl ausgewogen zu integrieren wisse. Die Bergpredigt sei also Ausdruck eines matriarchalen Bewußtseins, wogegen andere Aussagen der Bibel eben doch typisch patriarchale Wertordnungen zeigten: Gewalt, Gehorsam, Leistung, Befehl und Denken.[161] Jesus sei der »androgyne Mensch«, der männliche und weibliche Werte, Animus und Anima (vgl. C.G. Jungs Archetypenlehre) ausgewogen in sich vereint habe, also Herz und Verstand, Denken und Fühlen.

»Sein Gefühl ist immer engagiert, er ist der Mann der Gefühlsbereitschaft und Gefühlsbeteiligung. Immer wird sein Sich-Einfühlen, sein Mitfühlen, sein mitfühlendes Mitleid zur Gefühlsaktion«,

schreibt Hanna Wolff.[162]

Als Ausdruck dieses ganzheitlichen Bewußtseins nimmt man die Bergpredigt, die noch nie so relevant gewesen sei wie heute, weil die Möglichkeit der globalen Menschheitskatastrophe noch nie so nahe war wie heute. Franz Alt:

»Jesus will die Phantasie anregen, eine bessere Welt denken zu können.«

»Solange wir die Bergpredigt nicht entdeckt und nicht verstanden haben, solange haben wir unsere Möglichkeit nicht entdeckt und nicht verstanden. Die Bergpredigt ist der Weg zur Menschwerdung jedes einzelnen und dadurch auch zur Menschwerdung der Menschheit.«

»Die Bergpredigt ist eine Schule für menschliche Vernunft. Ich bin überzeugt von der Lernfähigkeit des Menschen, ich glaube an die verschütteten und unentdeckten Intelligenz- und Liebesreserven in uns. Jeder, der will, kann sie erschließen.«

»Menschen kann man nicht ändern, Menschen können sich nur selbst ändern. Es geht Jesus um die Umkehr der Herzen, um eine spirituelle Revolution, um jenen Glauben, der dann allerdings auch Berge versetzen kann. Mit der Bergpredigt kann man nicht regieren, aber einige Mutige in der Politik könnten mir ihr die Welt und unser aller Leben retten. Die Bergpredigt ist der Rettungsanker für das Atomzeitalter.«

Solche Aussagen verhelfen der bekanntesten Rede Jesu zu einer nie dagewesenen Popularität. In Zeitungen abgedruckt, in Bestsellerbüchern erschienen, ist sie innerhalb kurzer Zeit in aller Munde. Sie wird diskutiert, gepredigt, ausgelegt und leidenschaftlich propagiert als Ausdruck des neuen Bewußtseins von der Heilung der Menschheit. Was Traktatgesellschaften nicht schafften, geschieht nun wie von selbst: Teile der Bibel sind in der Öffentlichkeit. Grund zur Freude? Ja und Nein! Daß Worte Gottes vom Volk gelesen werden, ist gut. Daß sie im Spiegel des neuen Bewußtseins verzerrt und in den Kontext eines humanen Jesuanismus gestellt werden, ist tragisch. Das neue Evangelium ist selektiv und deshalb unwahr! Es ist reduziert, aus dem Zusammenhang gerissen und deshalb anders!

Der Jesus des neuen Bewußtseins, der »ganzheitliche«, der »Prophet«, der »Mann«, der »Bergprediger«, der »Psychotherapeut«, der »Sozialethiker«, der »glücklichste Mensch in der Geschichte«, der »Gott-Sucher aus Nazareth«, der »Mann der Gefühlsbereitschaft«, der »realistische Idealist der Geschichte, der »Unabhängige«, der »menschlichste aller Menschen«, der »Lebenskünstler«, der »Meister der einfachen Wahrheiten« usw. ist nicht der biblische Herr Jesus Christus.

c) »Wir aber predigen Christus, den Gekreuzigten«

> »Denn wenn der, welcher zu euch kommt, einen *anderen Jesus* predigt, den wir nicht gepredigt haben ... oder ein *anderes Evangelium* ..., so ertragt ihr es wohl«,

klagt der Apostel Paulus in 2. Kor. 11,4. Es ist also nichts Neues, wenn auch heute »ein anderer Jesus« verkündigt wird. In jeder Zeit wurde die Gemeinde durch ein »anderes Evangelium« herausgefordert. Heute ist es das Evangelium eines neuen spirituellen Bewußtseins, das u.a. auch neue, »befreiende« Jesusbilder enthält.

Die politischen und soziologischen Jesusbilder, die philosophischen und psychologischen, ja auch die theologischen, sofern sie anthropologische Bilder sind, zeigen den *kreuzlosen* Jesus, den Menschenfreund, der heute noch in seiner Bergpredigt lebt, den »Menschenretter«, der aufgrund seiner Ideale und nicht aufgrund seines stellvertretenden Sühnopfers die Welt zu retten vermag. Das Kreuz als Ausdruck des Versöhnungshandelns Gottes paßt nicht zu dem friedenstiftenden Bergprediger, zu dem leidenschaftlichen Bejaher des Lebens. Es hat keinerlei Heilsbedeutung für Menschen des neuen Bewußtseins. Es wird nicht nur verdunkelt, sondern auch als ärgerlicher, dogmatischer Ballast ausgeschieden. Der Gedanke des Blutopfers ist dem humanistischen Bewußtsein aller Zeiten *das* Ärgernis schlechthin gewesen. Deshalb wird es übergangen und ausgeschaltet. Paulus spricht vom »Ärgernis des Kreuzes« (Gal. 5,11) oder gar von solchen, die »Feinde des Kreuzes Christi« sind (Phil. 3,18).

»Feinde des Kreuzes Christi« können religiöse Menschen sein, die einen hohen ethischen Anspruch vertreten, die menschenfreundlich und gewaltlos leben wollen, die sich vorbildlich anderen gegenüber verhalten, die sich aber nicht in ihrer Auflehnung gegen Gott erkennen. Sie haben einen Jesus, der dem biblischen Christus nicht entspricht. Vertreter des neuen Bewußtseins sprechen nicht mehr von Jesus als dem »Christus Gottes«. »Christus« sei ein ihm von der Kirche beigelegter Titel, den Jesus selbst ja gar nicht bestätige. Sie sprechen nicht mehr von Jesus, dem Sohn Gottes, der die Herrlichkeit des Vaters verließ, um in der Dahingabe seines Lebens Erlösung zu schaffen. Sie meiden das Bekenntnis zu dem Knecht Gottes, der viel Arbeit mit den Sünden der Menschen hatte, und sie lächeln über das Bekenntnis: »Siehe, das Lamm Gottes, das der Welt Sünde trägt« (Joh. 1,29). Überhaupt ist das größte Geheimnis »Gott geoffenbart im Fleisch« (1. Tim. 31,6) dem neuen Bewußtsein völlig verborgen. Ja, gerade in diesem Punkt lehnt es die Christusbotschaft ab. Weil es nicht bekennt: »Jesus ist der im Fleisch gekommenen Christus!« (1. Joh. 4,2), muß es als *antichristlich* entlarvt werden.

»Und jeder Geist, der Jesus nicht bekennt (als den ins Fleisch gekommenen Christus), der ist nicht von Gott. Und das ist der Geist des Antichristen, von welchem ihr gehört habt, daß er kommt; und jetzt schon ist er in der Welt.« (1. Joh. 4,3)

Das neue Bewußtsein will Jesus, aber nicht Christus! Es will einen lieben Vater, aber nicht den Vater, »der Seines eigenen Sohnes nicht verschonte« (Röm. 8,32)! Es will Jesus, aber nicht Paulus. Gerade gegen Paulus polemisiert es heftig. Dabei ist seine »Christologie«, sein Evangelium, nicht ein »Werk eigener Deutung«, wie ihm immer wieder unterstellt wird, sondern eine Offenbarung Gottes durch Seinen Heiligen Geist. Die paulinische Christologie ist nichts anderes als die vom Geist Gottes gewirkte Deutung des Lebens, Sterbens, Auferstehens und Erhöhtwerdens Jesu! Zentrum dieser »Theologie« ist das in Übereinstimmung mit dem prophetischen Zeugnis des Alten Testaments bezeugte und gedeutete Kreuzesgeschehen als Heilswerk Gottes. »Gott war in Christus und versöhnte die Welt mit sich selber« (2. Kor. 5,19). Dieses Wort von der Versöhnung, das Wort vom Kreuz, faßt das ganze Evangelium zusammen.

Gegenüber dem neuen Bewußtsein gilt es zu bekennen, daß die *Versöhnung Gottes Initiative und Aktion* ist! »Gott war in Christus und versöhnte die Welt mit sich selber« (2. Kor. 5,21); d. h. er hat die Versöhnung der Welt *erlitten.* Deshalb ist von der Passion Gottes (Christi) zu sprechen. Und es ist festzuhalten, daß »Gott gleichsam durch uns ermahnt . . .: Laßt euch versöhnen mit Gott!« (2. Kor. 5,20), d.h. »Gott hat uns den Dienst der Versöhnung gegeben« (2. Kor. 5,18) in Verkündigung, Evangelisation und Mission. Die Reaktion darauf kann nur Annahme des Heils im Glauben oder Ablehnung des Heils im Ungehorsam sein.

Auf eine andere Frage muß noch eingegangen werden. Hat die »andere Seite Jesu«, seine Menschheit oder Menschlichkeit denn gar keinen Stellenwert für das Heil der Menschen heute? Könnte sie nicht als Vorbildfunktion, als jesuanisches Modell für einen ganzheitlichen Lebensvollzug angesichts drohender Probleme dienen? Warum spricht man in der Gemeinde meist nur von dem »gekreuzigten Christus« und nicht auch von dem »lebensbejahenden Jesus«? Welche Bedeutung hat das Leben Jesu im Verhältnis zu Seinem Werk? Wie stehen die Worte Jesu zu den Worten seiner Apostel? Kann man nicht zwei unterschiedliche Betrachtungsweisen Jesu innerhalb des Neuen Testaments feststellen: Seine eigenen Worte und die Deutung der anderen?

Diese Fragen gewinnen heute zunehmend an Bedeutung. Man scheint auf ein Defizit in der Verkündigung des Evangeliums aufmerksam geworden zu sein: das Leben Jesu, seine Menschlichkeit, seine Gefühlsbereitschaft und unbedingte Lebensbejahung, Seine Gewaltlosigkeit und Liebesfähigkeit als Mensch sei doch in der Geschichte der Kirche stark unterbelichtet, wenn nicht gar völlig ausgeblendet worden. Dies müsse nun, angesichts des Ausbleibens der Humanisierung des Menschen dringend nachgeholt werden.

So hat man also das Leben Jesu neu entdeckt und versucht nun, es für die eigene Menschwerdung und die der Menschheit fruchtbar zu machen. Endlich werde die Gestalt Jesu von einer neuen Seite gezeigt, die Türen zu einer Botschaft öffne, die die Dogmatiker nicht entdeckt hätten. Jesus werde aus der kirchlichen bzw. gemeindlichlehrhaften Erstarrung herausgeholt und als wirklich Heilender den Menschen zur Seite gestellt.

Diese Entdeckung der »anderen Seite Jesu« führt nun im Rahmen der Gemeindefrömmigkeit dazu, daß man immer häufiger psychologisch vom Leben Jesu redet, statt soteriologisch. Das heißt, daß man Situationen, Begegnungen und Szenen aus dem Leben Jesu als heilende Lebenshilfe predigt, ohne auf das Heilsgeschehen am Kreuz Bezug zu nehmen. Jesus wird dann als Vorbild der Liebe und des Erbarmens gezeichnet, ohne daß man dabei die Konsequenz der Kreuzesnachfolge erwähnt. Der neue Heiland heilt durch das Beispiel seines Lebens, nicht mehr durch seinen Tod am Kreuz!

> »Der Inhalt des Glaubens ist nichts anderes als der Inhalt des Lebens und der Sinnfindung im Leben.«
>
> »Und auch Gott vergibt ohne Kreuz. Das Kreuz darf für uns nicht zum einzig Wichtigen werden.«

Diese Sätze kann man im Gemeindebrief einer freikirchlichen Gemeinde vom Oktober 1986 lesen.

Wie Jesus z.B. mit der Sünderin umgeht, wird zum Modellcharakter für die eigene Haltung gestörter Beziehungen. Wie Er Menschen aus ihrer Isolation herausholt, kann modellhaft für den Ausbruch aus der eigenen Introvertiertheit herangezogen werden. Die Art und Weise, wie Er würdevoll Menschen zum neuen Selbstbewußtsein verhilft, ist Vorbild für die Ermöglichung des eigenen Selbstwertgefühles.

Der neue Heiland ist eigentlich ein Heiler. Beim Hörer heute entsteht der Eindruck, dann »Heil« erfahren zu haben, wenn durch das Vorbild Jesu bei ihm existenzielle, gestörte Beziehungen geheilt wurden. Die Notwendigkeit der Sündenerkenntnis als Voraussetzung für die rettende Erkenntnis des Heilandes, der gekommen ist, »um die Sünden vieler auf sich zu nehmen« (Hebr. 9,28), »um Sünder zur Buße zu rufen« (Luk. 5,32), »um zu suchen und zu retten, was verloren ist« (Luk. 19,10), wird dabei gar nicht mehr erwähnt. Das ist eine derart andere Kategorie, daß sie zugunsten des neuen Jesusbildes »überwunden« und preisgegeben wird. Aber noch einmal: Welchen Stellenwert hat denn nun »das Leben Jesu« für Menschen heute? Hat es nicht doch eine heilende Bedeutung für sie?

Wenn wir das Neue Testament dazu befragen, stellen wir folgendes fest:

Erstens: Das Leben Jesu (darunter wird zumeist seine dreijährige öffentliche Wirksamkeit verstanden) kann gar nicht von Seiner ganzen Sendung losgelöst gesehen werden. Diese göttliche Sendung erfährt ihren Höhepunkt in Passion, Auferstehung und Erhöhung Jesu. Sowohl aus dem Selbstzeugnis Jesu als auch aus der geistgewirkten Deutung Seines Lebens durch die Jünger geht das eindeutig hervor. Immer wieder zeigt Jesus das Ziel Seines irdischen Lebens auf, wenn Er Sein Leiden und Sterben ankündigt.

> »Von da an begann Jesus Seinen Jüngern zu zeigen, Er müsse nach Jerusalem gehen und *viel leiden* . . . und *getötet* werden und am dritten Tag *auferstehen*« (Matth. 16,21).

Auf den engagierten Einwand Seines impulsiven Jüngers Petrus: »HErr, das verhüte Gott! Das widerfahre Dir nur nicht!« antwortet Jesus: »Hinter Mich, Satan! Du bist mir zum Fallstrick, denn du denkst nicht göttlich, sondern menschlich!« (Matth. 16,22f)

Das gottgegebene Ziel Seines Lebens ist unzweideutig Sein Tod! Dort schrie Er im Sterben: »Es ist vollbracht!« Aus diesem Grund ist Er überhaupt erst auf die Erde gekommen und Mensch geworden, um Gottes willen zu tun.

> »Da sprach ich: Siehe, ich komme – in der Buchrolle steht von mir geschrieben – daß ich tue, o Gott, deinen Willen!« (Hebr. 10,7)
>
> »Ich bin im Namen meines Vaters gekommen!« (Joh. 5,43)

Immer wieder wies Jesus darauf hin:

> »Meine Speise ist die, daß Ich den Willen dessen tue, der Mich gesandt hat, und *Sein Werk vollbringen*« (Joh. 4,34)! »Denn Ich bin

vom Himmel herabgekommen, nicht damit Ich Meinen Willen tue, sondern den Willen dessen, der Mich gesandt hat« (Joh. 6,38).

Um das Werk Gottes zur Rettung der Welt zu vollbringen, ist Jesus als Mensch auf die Erde gekommen. Um Seinen Leib zu opfern als ein »unschuldiges und unbeflecktes Lamm« (1. Petr. 1,19), nahm der Gottessohn Fleisch und Blut an.

»Darum spricht Er bei Seinem Eintritt in die Welt: (menschliche) Opfer und Gaben hast Du nicht gewollt; einen Leib aber hast Du Mir bereitet« (Hebr. 10,5).

Das ist der tiefste und letzte Grund, warum Jesus Mensch wurde! Deshalb »entäußerte Er sich selbst, nahm die Gestalt eines Knechtes an, wurde den Menschen gleich und in Seiner äußeren Erscheinung wie ein Mensch erfunden«. Deshalb »erniedrigte Er sich selbst und wurde gehorsam bis zum Tod, ja zum Tod am Kreuz. Darum hat Ihn auch Gott über alle Maßen erhöht und Ihm den Namen gegeben, der über alle Namen ist, damit in dem Namen Jesu sich alle Knie derer beugen, die im Himmel und auf Erden und unter der Erde sind, und alle Zungen bekennen, daß Jesus Christus der HErr sei, zur Ehre Gottes, des Vaters!« (Phil. 2,5–11)

Zweitens: Welche Bedeutung haben dann die heilenden Zeichenhandlungen Jesu? Muß man sie auch in diese messianische Sendung einordnen? Das Neue Testament bezeugt auch dies ganz klar. Die Wunder Jesu (Johannes nennt sie durchgängig »Zeichen«) sollen zeigen, daß Jesus nicht nur Mensch, sondern eben der Messias ist.

»Diese aber sind geschrieben, damit ihr glaubt, daß Jesus Christus der Sohn Gottes ist und daß ihr durch den Glauben Leben habt in Seinem Namen!« (Joh. 20,31)

Man kann das Leben Jesu nicht von dem Ziel Seiner Sendung abtrennen und es als pauschales Vorbild für das Leben insgesamt darstellen. Wer das tut, beraubt Jesus Seiner Gottheit. Nur diejenigen, die an Jesus, den Christus, glauben, sind »berufen, weil Christus für euch gelitten und euch ein *Vorbild* hinterlassen hat, Seinen Fußstapfen nachzufolgen« (1. Petr. 2,21). Wer Jesus, ohne an Sein Erlösungswerk zu glauben, als Vorbild nimmt, stellt Ihn auf eine Ebene mit Buddha oder Laotse.

Und noch ein *Drittes:* Auch die Bergpredigt ist aus der messianischen Sendung Jesu nicht herauszulösen und als allgemeine Anleitung für ein besseres Leben auszugeben. Sie gilt den Jüngern Jesu (Matth. 5,1) und ist Reichsgottes-Ethos! Sie gilt denen, deren Herzen durch das Blut Jesu gereinigt sind und die so zu Gottes Kindern gemacht wurden (Matth. 5,8). Sie wendet sich an diejenigen, deren

»Gerechtigkeit die der Schriftgelehrten und Pharisäer bei weitem übertrifft« (Matth. 5,20), d.h. aber, deren Gerechtigkeit nicht die eigenen Mühens und Wirkens ist, sondern die »fremde Gerechtigkeit«, die ihnen in Christus geschenkt wurde. Die Bergpredigt geschieht bei denen, die »zuerst nach dem Reich Gottes und seiner Gerechtigkeit trachten« (Matth. 6,33), nicht bei denen, die nach Irdischem trachten wie die Heiden (Matth. 6,19ff; Kol. 3,1ff).

Das Leben Jesu kann zwar für alle Menschen als Vorbild dienen, denn er ist ja der Mensch schlechthin (ecce homo – »seht, der Mensch!«). Aber es ist nicht von seinem Tod zu trennen, durch den er Heil geschaffen hat. Menschen, die durch den Tod Jesu das göttliche Leben bekommen haben, richten ihr Leben nach dem Leben Jesu aus. Für sie ist es eine Notwendigkeit zu erkennen, wie Jesus gelebt, geliebt, gedacht und gehandelt hat. Nachdem sie an Jesus gläubig geworden sind, wollen sie wie Jesus leben und gesinnt sein. In diesem Sinne gibt es für den Christen die »imitatio Christi«, die Nachahmung Christi. Wer dagegen Jesu Sühnetod leugnet und nur sein Leben will, beraubt Jesus seiner Messianität.

III. Teil: Gemeinsam die Zukunft sichern

1. Wendezeit – Auswege aus der Krise?

> »Die Menschheit befindet sich in einer Krise, deren katastrophaler Höhepunkt wahrscheinlich noch vor uns liegt. Deshalb ist entschlossenes Handeln nötig«,

schreibt Carl Friedrich v. Weizsäcker in seinem neuesten Buch, »Die Zeit drängt«.[163] Die Krise wird längst nicht mehr nur von einigen Wissenschaftlern, die die realen Fakten kennen, konstatiert, sondern von immer mehr Menschen zunehmend ängstlicher wahrgenommen. Jürgen Moltmann nennt diese Konstellation

> »eine umfassende, irreversible und darum nicht zu Unrecht apokalyptisch genannte Krise des Lebens auf diesem Planeten. Sie ist keine vorübergehende Krise, sondern aller Voraussicht nach der Anfang des Kampfes um Leben und Tod der Schöpfung auf dieser Erde.«[164]

Sichtbar wird sie vor allem in den drei Themenbereichen: Gerechtigkeit, Friede und Natur. Sowohl die Probleme der Armut, der sozialen Ungerechtigkeit und der Bevölkerungsexplosion als auch die Aufgaben der Sicherung des politischen Friedens und der Erhaltung der Umwelt sind nicht gelöst, sondern treiben die Menschheit zur globalen Katastrophe. Daß entschlossenes Handeln dringend geboten sei, darauf haben schon vor Jahren Wissenschaftler hingewiesen. Aber erst seit den Veröffentlichungen »Die Grenzen des Wachstums, Bericht des Club of Rome zur Lage der Menschheit, Stuttgart 1972« und »Global 2000, Der Bericht an den Präsidenten, Washington/Frankfurt 1980«, ist das Krisenbewußtsein in weiten Teilen der Bevölkerung wach. Im Begleitschreiben an den amerikanischen Präsidenten heißt es in Global 2000:

> »Angesichts der Dringlichkeit, Reichweite und Komplexität der vor uns liegenden Herausforderungen bleiben die jetzt auf der ganzen Welt in Gang gekommenen Anstrengungen allerdings weit hinter dem zurück, was erforderlich ist. Es muß eine neue Ära der globalen Zusammenarbeit und der gegenseitigen Verpflichtung beginnen, wie sie in der Geschichte ohne Beispiel ist.«[165]

Hat diese Ära der globalen Zusammenarbeit bereits begonnen?

Auf jeden Fall ist diese Art der globalen Zusammenarbeit ohne ein »neues Bewußtsein«, ohne den Willen zu einer »Umkehr der Menschheit« undenkbar. Es gibt nicht wenige bekannte Persönlichkeiten, die an eine solche Möglichkeit glauben und somit Hoffnung gewinnen für eine am Rand des Abgrunds stehende Menschheit. Dadurch, daß das »neue Bewußtsein« ein religiöses im weitesten Sinne ist, wird es zu einer zentralen Herausforderung an den christlichen Glauben.

Die Frage, die uns in diesem Zusammenhang interessiert, ist, ob die Gemeinde Jesu Anteil hat an dem neuen Bewußtsein zur Rettung der Menschheit und der Welt, oder ob der Gemeinde sogar eine wichtige Rolle zukommt im Prozeß der Weltveränderung. Oder noch anders ausgedrückt: ob sie in Zusammenarbeit mit allen Menschen gleichen Bewußtseins das Ziel der erneuerten Menschheit erreicht, oder ob sie bei diesen Zielvorgaben und Prozessen ganz ausgeschlossen ist. Jörg Zink meint:

> »Wir stehen an einem Punkt, an dem der christliche Glaube entweder nichts mehr ändert oder aber alles ändern muß. Er wird sich in den Problemen der Erde auswirken, helfend und lösend, oder die Entwicklung geht ihren Gang ohne ihn.«[166]

Weiter bewegt uns die Frage, ob die Gemeinde Jesu der Menschheit und der Welt in dieser Situation Hoffnung vermitteln könne oder nicht. Bevor wir versuchen, unter 2. darauf Antwort zu finden, sollen verschiedene Ansätze zur Verwirklichung der Zukunft genannt und besprochen werden.

a) Die Zukunftschance

Der Zukunftsschock – »das ist die erdrückende Belastung und vollkommene Desorientierung von Menschen, die in zu kurzer Zeit zu viele Veränderungen durchmachen müssen«[167] – der vor einigen Jahren eintrat, ist einem neuen Bewußtsein von der »Zukunftschance« gewichen. – Alvin Toffler:

> »Vor unseren Augen entwickelt sich eine neue Form menschlichen Zusammenlebens. Die in der Entstehung begriffene Zivilisation läßt nichts unberührt: Andere Arbeitsrhythmen, neue Formen der Familie, Veränderungen im Liebes- und Sozialleben, bislang unbekannte, politische Konflikte und eine neue Wirtschaftsordnung zeichnen sich ab – und darüber hinaus eine *tiefgreifende Änderung unseres Bewußtseins.* Schon heute gibt es vielerorts Beispiele für diesen grundlegenden Wandel. Millionen in aller Welt haben begonnen, ihr Leben mit dem Rhythmus von morgen in Einklang zu bringen . . . Die Morgenröte einer neuen Zivilisation zieht auf. Dies ist das zentrale Ereignis unserer Gegenwart.«[168]

Marilyn Ferguson, amerikanische Chefideologin der New-Age-

Bewegung, beschreibt die neue Wandlung im Denken als »sanfte Verschwörung.«

»Dieses Netzwerk ist die sanfte Verschwörung im Zeichen des Wassermanns ... Weitreichender als Reformen, tiefgehender als eine Revolution hat diese beginnende Verschwörung im Hinblick auf eine neue Epoche der Menschheit die schnellste kulturelle Neuorientierung der Geschichte ausgelöst. Bei dem großen, erdbebenartigen, unwiderruflichen Umschwung, der auf uns zukommt, handelt es sich weder um ein neues politisches noch um ein religiöses oder philosophisches System. *Es handelt sich um einen neuen Geist* – eine aufsehenerregende neue Sicht der Welt nimmt ihren Anfang, die bahnbrechende Erkenntnisse der Wissenschaft und Einsichten ältesten menschlichen Gedankengutes umfaßt.«[170]

Für uns bedeutsam ist der positiv zukunftsorientierte Zug in diesem Denken, der die allgemein festgestellte Krise durch die Transformation des Bewußtseins zu überwinden glaubt und dadurch ein starkes Hoffnungskonzept darstellt. Die weltweite Krise wird dabei nicht als das Ende der Menschheit gesehen, sondern als die große Chance für deren Wende, wenn sie bereit sei, alte Paradigmen loszulassen und sich dem Bewußtsein eines neuen ganzheitlichen Paradigmas zuzuwenden. So weist A. Peccei, Präsident des einflußreichen »Club of Rome« sehr dringlich auf diese Aufgabe hin:

»Das gegenwärtige Denken ist hinter den Ereignissen zurückgeblieben und mit vielen Mängeln behaftet. Die Glaubenslehren, die Prinzipien, die Postulate, die Bezugsrahmen, die Tabus, die Normen und Werte, die dieses Denken ausmachen, sind absolut untaugliche Mittel, um die schweren und großen Herausforderungen unseres Zeitalters zu bestehen ... Ein neues Denken ist dringend erforderlich. Um den Menschen zu retten, muß es ihn verändern. Nur ein neuer Humanismus kann dieses halbe Wunder wirken und die Wiedergeburt des Geistes im Menschen veranlassen ... Dieser neue, dem technologischen Zeitalter angemessene Humanismus muß eine radikale Erneuerung mit sich bringen und Prinzipien und Normen umstoßen, die bislang als unantastbar betrachtet waren; er muß die Entstehung neuer Wertsysteme befördern und neue geistige, ethische, philosophische, soziale, politische, ästhetische und künstlerische Motivationen schaffen, die unser inneres Gleichgewicht wiederherstellen, das wir umso mehr gewinnen, je mehr uns diese Güter und Bedürfnisse mit unseren Brüdern und Schwestern und den anderen Lebewesen auf dieser Welt verbinden.«[171]

In diesen Aussagen wird von einem veränderten Bewußtsein, einem

»neuen Geist«, gesprochen, der die Wiedergeburt des Geistes in Menschen veranlassen könne. Offensichtlich glaubt man an eine neue Spiritualität, die die Veränderung alter Denk- und Lebensgewohnheiten bewirkt.

Daß die Zielvorgaben im Umfeld der New-Age-Bewegung vielen Lesern sehr unrealistisch und schwindelerregend erscheinen, ist verständlich. Ziel des neuen Zeitalters sei die einheitliche Menschheitsfamilie, die nicht nur in Frieden und Liebe miteinander lebt, sondern auch mit dem kosmischen Bewußtsein in Übereinstimmung kommt. Eine »neue Kultur« und »neue Weltordnung« werde entstehen, oder wie sich David Spangler ausdrückt, »ein neue(r) Himmel und eine neue Erde«[172], die miteinander ausgesöhnt sind: Menschheit und Kosmos, ein göttliches ausgesöhntes und integriertes Ganzes. Gegenwärtig befinde sich die Menschheit an der Schwelle eines regelrechten »Evolutionssprungs«. Durch die Transformation des Bewußtseins könne sie vom »Informationszeitalter« zum »Bewußtseinszeitalter« (um die Jahrtausendwende!) vordringen. Ken Wilber nennt diese Schwelle »Halbzeit der Evolution«, wo der Mensch »nicht mehr Tier« und »noch nicht Gott« sei. Der Endpunkt der Evolution sei erst dann erreicht, wenn ein »galaktischer Superorganismus« und ein »erleuchtetes Universum« aus dem jetzigen Kosmos gebildet sei.[173]

Die Vertreter der New-Age-Bewegung proklamieren den Anbruch des neuen Zeitalters und sehen bereits, daß immer mehr Menschen eine neue Sensibilität für das neue Bewußtsein bekommen. In vielfältigen Bewegungen und Gruppen, die untereinander vernetzt sind, werde es welt- und gesellschaftsverändernd zum Ausdruck gebracht.

Trotz christlicher Terminologie steht dieses Denken in völligem Gegensatz zum Christentum und zum christlichen Glauben.

Ein anderer Ansatz für die Verwirklichung einer neuen Zukunftsperspektive ist im Bereich verantwortungsbewußter religiös und politisch engagierter Persönlichkeiten angesiedelt. Der jüngste Beitrag ist ein Aufruf des bekannten Physikers und Philosophen C.Fr. v. Weizsäcker zu einer »Weltversammlung der Christen für Gerechtigkeit, Frieden und die Bewahrung der Schöpfung«. Angesichts der globalen Krise seien nun zum erstenmal in der Geschichte der Menschheit »die altüberlieferten Bilder vom Gericht . . . aus der kosmischen Gleichnisrede in den Gesichtskreis unseres konkreten Handelns« getreten.

»Jetzt sind sie mit unserem Handeln nicht nur moralisch und jenseitig, sondern diesseitig – kausal verbunden. Wir können das Gericht über uns selbst herbeiführen. Könnte auch das Himmelreich in unsere Geschichte eintreten, wenn wir nur bereit wären, es einzulassen?«[174]

Er formuliert den fundamentalen »Satz einer heutigen Friedenstheologie ..., daß die Institution des Krieges in dieser Zeit überwunden werden muß und kann«[175]. Dieses Ziel setzt aber einen »tiefen Wandel menschlichen Bewußtseins zu echter Friedfertigkeit« voraus.

»Ich bin überzeugt, daß er im Rahmen der menschlichen Natur und der menschlichen Gesellschaft möglich ist.«[176]

Sein christlich-humanistisches Bekenntnis rechnet mit der politischen, wirtschaftlichen und moralischen Vernunft des Menschen und der »Gnade«, mit deren Hilfe man die Probleme überwinden könnte. Die Kirche und die neuzeitliche Kultur würden gleichermaßen genötigt, ihr eigenes Selbstverständnis zu überprüfen, um dies Ziel zu erreichen. Daß C. Fr. v. Weizsäcker »nur« zu einer Weltversammlung der Christen und nicht aller Weltreligionen auffordert, hat für ihn rein pragmatische Gründe. Die Begegnung der Weltreligionen in einer universalen Versammlung hält er gleichwohl für das vielleicht »wichtigste Ereignis unserer Zeit«.[177] Auch wenn v. Weizsäcker schließlich offen bekennt, daß das, was er erhofft, »jenseits der Reichweite meiner eigenen konkreten Phantasie liegt«, sieht er keinen anderen Weg.[177a]

Mit diesen Gedanken befindet sich v. Weizsäcker in Übereinstimmung mit der ökumenischen Tradition.

Schon 1934 hat Dietrich Bonhoeffer zu einem ökumenischen Konzil aufgerufen, das den »Frieden Christi ausruft über die rasende Welt«. Dazu ist es nicht gekommen. Seit dieser Zeit ist der Gedanke daran nicht mehr erloschen und immer wieder vorgebracht worden. Besonders deutlich hat sich Jürgen Moltmann, einer der einflußreichsten Theologen des ÖRK, dafür verwandt.

»Der ÖRK erhofft und erkundet die Zukunft, in der ein ›genuinely universal council may speak once more for all Christians‹ (wirklich universales Konzil noch einmal für alle Christen sprechen kann). Ich halte es für lebensnotwendig – nicht nur für die Kirche, sondern auch für die Menschheit. Die großen Reichskonzilien der alten Kirche, an die diese Hoffnung erinnert, waren alle vom Kaiser einberufen worden. Sie sollten die Einheit der Kirche und die Einheit des Reiches in Einklang bringen. Wer aber beruft heute das Konzil ein? Wir haben keine Weltregierung, die den Weltfrieden verantwortet. Wir haben nicht die ›eine Welt‹, sondern eine durch soziale Ungerechtigkeit, militärische Bedrohung, politische Unterdrückung und durch Naturzerstörung geteilte und von universalem Tod bedrohte Welt. Wer wird das Konzil einberufen, wenn nicht diese Zwangslage der Menschheit! Wer wird diese tödliche Gefahr öffentlich so klar aussprechen, daß keine andere Wahl übrigbleibt, wenn nicht diejenigen, die stellvertretend und prophetisch für die Opfer der organisierten Friedlosigkeit in der Welt und in der Kirche sprechen?! Ging bei den altkirchlichen Konzilien der Kaiser voran, so muß heute die Kirche vorangehen und vorgreifend für den Frieden der Menschheit handeln ... Ist der Weltfrieden für das Überleben der Menschheit notwendig, dann ist eine Weltregierung unvermeidlich. Da wir aber keine Weltregierung haben, ist es notwendig, Übergänge zu finden. Wenn das einzig mögliche Subjekt der Verantwortung des Weltfriedens eine Menschheit ist, die sich in einer Weltregierung organisiert, dann folgt daraus, daß sich einzelne begrenzte Subjekte der Verantwortung – politische, wirtschaftliche und religiöse Institutionen – nur noch im Horizont des kommenden Weltfriedens und der künftigen Weltregierung konstituieren und legitimieren können. Nationale Außenpolitik muß zur Weltpolitik umgebaut werden, wie man mit Recht gesagt hat. Nicht: Was nützt es meinem Volk und meinem Stand? sondern: was nützt es dem gemeinsamen Frieden? muß bei jeder Entscheidung den Vorrang gewinnen. Kirchliche Außenpolitik im Blick auf andere Kirchen muß dann entsprechend zur ökumenischen Innenpolitik der einen Kirche umgebaut werden.«[178]

Dieser Ansatz macht deutlich, daß Frieden nur möglich ist, wenn sich die Kirchen im Horizont der ganzen Menschheit engagieren.

»Nur wer stellvertretend für den Frieden als Ganzes eintritt, hat Existenzberechtigung. Jeder Absolutheitsanspruch verhindert den Frieden. Jede Verweigerung von Zusammenarbeit bedroht den Frieden. Daraus folgt für die Christenheit im ganzen zuerst, daß sie die Universalität der Hingabe Gottes in Christus für alle Menschen nicht länger durch einen Absolutheitsanspruch der Kirche vertreten kann, sondern nur im lernbereiten Dialog und in Kooperation ohne Bedingungen mit Gruppen anderen Glaubens.«[179]

Hier wird eine Kooperation ohne Bedingungen angestrebt. Begründung:

»Gottes Geist wirke nicht nur in der Gemeinde Jesu, sondern in der ganzen Welt, und zwar nicht nur innerhalb der Religionen, sondern auch innerhalb der weltlichen Glaubensweisen und Ideologien.«[180]

Spätestens seit Uppsala 1968 ist »die neue Menschheit« das politische Leitbild der Genfer Ökumene. In einem Sektionsbericht appeliert die damalige Vollversammlung an die Kirchen, in Lehre und

Verkündigung »die biblische Sicht von der Einheit der Menschheit sowie ihre konkrete Bedeutung für die weltweite Solidarität aller Menschen herauszustellen.«[181]

Seit der Auferstehung Jesu sei eine neue Schöpfung geboren, der als letztes Ziel der Geschichte die Einheit Christi als des Hauptes mit der neuen Menschheit zugesichert worden sei. Die Kirche solle schon jetzt in Umrissen eine erneuerte und geeinte menschliche Gesellschaft darstellen.

Philipp Potter, ehemaliger Generalsekretär des ÖRK, sagte schon 1973:

> »Wir sind noch weit entfernt von einer Weltgemeinschaft in Gerechtigkeit. Die Christenheit kann aber dazu beitragen, wenn sie Gottes Wort als das Geschehen der Gerechtigkeit in Gemeinschaft darzustellen vermag. Eine Christenheit, die aus der Bruderschaft mit Christus lebt, sucht die Brüderschaft mit allen Menschen, indem sie um Gerechtigkeit für alle ringt.«[182]

Er fordert damit das, was offiziell in Uppsala so formuliert und angenommen wurde:

> »In einer Welt, in der die ganze Menschheit danach strebt, ihr gemeinsames Menschsein zu verwirklichen, und in der alle gleichermaßen Verzweiflung und Hoffnung teilen, muß sich *die christliche Kirche mit der Gemeinschaft aller Menschen identifizieren,* wenn sie ihren Auftrag des Zeugnisses und Dienstes erfüllen . . . will.«[183]

Diesen Gedanken, die die Richtung des ÖRK bis heute angeben, wurde gleich damals von evangelikaler Seite heftig widersprochen. Eine Identifizierung von Gemeinde und Welt ist nach biblisch-theologischem Denken unmöglich. Heute aber, nach fast 20 Jahren, finden solche Gedanken in evangelikalen Kreisen offene Türen.

In der Gemeinde mehren sich die Aufrufe, die einseitig negative Weltschau aufzugeben und statt dessen Perspektiven für eine bessere Zukunft zu entwickeln. Man müsse offen sein für das Wirken Gottes auch außerhalb seiner Gemeinde und dürfe das Wirken seines Geistes nicht auf die Grenzen der Kirchen beschränken. Er sei seit Pfingsten immerhin ausgegossen »auf alles Fleisch«. So wirke eben »jeder einzelne und jede Gruppe, die sich mit der Erhaltung des Lebens befaßt, in der Zielrichtung göttlicher Liebe, auch wenn es nicht unter einer christlichen Flagge geschieht«[184].

Deshalb könne man auch »Jacques Cousteau, die Greenpeace-Organisation, die spontanen Initiativen zur Rettung von Wäldern, Flüssen, Seen, Meeren und gefährdeten Tierarten, bis hin zur weltweiten Friedensbewegung« in diesem Licht der Liebe Gottes sehen, denn Gott sei immer »auf das Ganze und auf alle aus«.

Diese »Offenbarung Gottes im säkularen Raum, die mehr und mehr das Bewußtsein von verantwortlich denkenden Menschen prägt«, würde glücklicherweise auch vermehrt von Christen erkannt.[185]

Immer mehr seien bereit, die Zukunft nicht mehr nur »durch die Brille (ihrer eigenen negativen) Erfahrungen« zu sehen, sondern im Blick auf Gottes Liebe.

> »Hoffnung ist die schöpferische Fantasie Gottes, in der die Vollendung der Schöpfung bereits Gestalt angenommen hat. Diese Gestalt der Vollendung gewinnt Einfluß auf die Gegenwart durch die hoffende Liebe Gottes. Alles Lebendige wird von Gott her gedrängt zur Gestaltung, zur Vollendung, zur vollendeten Gestalt. Deshalb können wir alle Kräfte und Bewegungen unter uns, die zur Ganzheit hindrängen, dieser Seite göttlicher Liebe zurechnen.«[186]

Hier haben wir das eschatologische Konzept, bzw. die Zukunftsperspektive des neuen Bewußtseins, das natürlich entsprechende Auswirkungen auf das sozialethische Verhalten des Christen hat. Es geht von der Zielvorgabe der allversöhnenden Liebe Gottes aus, die eine Atmosphäre schafft, in der alles Leben wachsen und zur Vollendung reifen kann.

Die Verkündigung des Gerichtes Gottes, in dem alle Welt mit ihrer Lust vergeht, wird als Ausdruck »menschlicher Begrenztheiten der Liebe« abgetan.

> »Da sich Gott für Liebe, für absolute Liebe entschieden hat, hat er auch damit auf Gewaltanwendung und Strafe verzichtet. Er wartet darauf, daß jeder sich in Freiwilligkeit ihm zuwendet.«[187]

Die Hoffnung auf eine gute Zukunft bestehe also in der »schöpferischen Fantasie Gottes«, die es von dafür sensibilisierten Menschen zu antizipieren (vorwegzunehmen) und zu verwirklichen gelte. Alle Menschen, die dies Ziel der universalen Ganzwerdung verantwortlich anstrebten, seien bereits ein schlagkräftiger Beweis für das weltweite Wirken des Heiligen Geistes. Aufgabe der Gemeinde sei es, dieses Bewußtsein für eine gemeinsame positive Zukunft in ihr selbst und weit darüber hinaus zu fördern. W. Becker schreibt:

> »Ich gehe von der Voraussetzung aus, daß es nur eine Wirklichkeit gibt, zu der alles gehört: Leib, Seele und Geist, Himmel und Erde – Natur und Geist Gottes.«[188]

Diese Prämisse führt zu einem Konzept der Einheit und Ganzwerdung, bei dem auf verschiedenen Gebieten, von der Seelsorge bis zur Sozialethik, ja bis zur Polarität von Himmel und Erde, die quälenden Spaltungen überwunden werden sollen. Da Christen dieselben Ziele hätten wie Nichtchristen, nämlich Ganzwerdung des

Menschseins und der Menschheit, Frieden und Freiheit, eine gemeinsame Zukunft, müßten sie auch gemeinsam dafür eintreten. Es stünde den Christen nicht gut an, meint W. Becker, sich von der Welt, für die Gott noch eine Zukunft habe, zu verabschieden, in die Rettungsboote zu steigen und darauf zu warten, daß das Schiff untergeht. Es entspreche nicht dem Wesen des Evangeliums, wenn Christen immer nur die Unheilspropheten seien und die Zukunft der Welt in düsteren Farben malten.

> »Das ist ja gerade das Dilemma, daß Christen, die behaupten, Gott am nächsten zu stehn, keine Hoffnung für die Welt haben, sondern nur auf die eschatologischen Katastrophen warten.«[189]

Hoffnung dürfe man aber nicht mehr eingrenzen auf den kleinen »heiligen Rest«, sondern müsse sie ausweiten »auf die ganze Welt«. Die Begründung für diese These ist außerordentlich spannend: W. Becker und U. Schaffer entdecken »überall ein neues Bewußtsein für das Menschliche im Menschen«[190], »Zeichen der Hoffnung um uns herum«, »Zeichen einer neuen Gesinnung«.

> »Überall scheint es Menschen zu geben, die über ihren engen Horizont hinaus wollen, die Verantwortung für die Entwicklung der Menschheit empfinden.« Z.B. »die weltweite Friedensbewegung. Es hat damals mit Mahatma Ghandi angefangen, über Martin Luther King seinen Fortgang genommen und ist heute schon lange nicht mehr auf eine Rasse oder Nation begrenzt, sondern erfaßt alle Rassen, Konfessionen, sogar Religionen und auch politische Gruppierungen.«[191]

»Ist diese Bewegung von Gott oder vom Teufel?«, fragt Becker.[192] Für ihn ist das neue Bewußtsein, das »seitdem überall zu beobachten ist«, das »Gefühl für die globale Abhängigkeit aller Menschen auf unserem Planeten«, ein Wirken des Heiligen Geistes, der seit Pfingsten »über alles Fleisch« ausgegossen wurde. »War das Pfingstereignis ... so etwas wie die Stunde der Wiedergeburt der Menschheit?«[193], fragt er vorsichtig, um dann den Christen im Blick auf die Zukunft den Rat zu geben:

> »Sollten wir, statt auf die Katastrophe zu warten und uns sehr einseitig auf die Wiederkunft Jesu hinzuorientieren, nicht besser auf ein Weiterleben und Weiterarbeiten in einer komplizierter werdenden Welt einstellen?«[194]

Ähnlich äußerst sich auch Siegfried Großmann in seinem Buch »Hoffnung gewinnen.«[195] Auch er weist auf die prinzipielle Möglichkeit hin, »daß die Christenheit ... zum Partner der bedrohten Menschheit« wird.[196]

> »Das *Zusammenwirken einer änderungswilligen Gesellschaft und einer zur Buße fähigen Christenheit* könnte wohl auch dann noch

eine hoffnungsvolle Wende einleiten, wenn es schon fast zu spät ist.«[197]

»Damit werden wir mitverantwortlich und auch mitgestaltungsfähig für das ständige schöpferische Wirken des Heiligen Geistes, das sich auf vielen Ebenen vollzieht: in der Entfaltung meiner eigenen Person nach der ›Schöpfungsvorgabe‹ Gottes, in der Mitgestaltung und Erhaltung der gesamten Schöpfung, die Gott dem Menschen als sein Haus gebaut hat, für schöpferische Beziehungen zu anderen Menschen wie für die Gestaltung der Gesellschaft nach den Schöpfungsordnungen Gottes.«[198]

»*Unser Ziel ist das Paradies,* und wenn wir im Geist leben, wenn wir den Atem Gottes in uns tragen, dann werden wir alle *möglichen* Schritte auf das Paradies zugehen, dann werden wir an der Spitze des Pilgerzuges der Menschen stehen, die unsere Erde als Gottes Schöpfung nicht aufgeben, sondern berufen sind zu einer Hoffnung, die sich auf *alles* bezieht, was Gott geschaffen hat.«[199]

Auch wenn Großmann einräumt, »wir können das Paradies nicht zurückgewinnen«[200], visiert er es doch als ein konkretes Ziel an. Auf jeden Fall gilt für ihn, daß die Zukunft etwas wird, »das ich mitgestalten kann, ... im Bewußtsein meiner bescheidenen, aber durchaus nicht wirkungslosen Kräfte, die sogar die Zukunft verändern können, wenn ich mich mit Menschen zusammentue, die ähnlich empfinden wie ich.«[201]

Die Zukunftschance im Blick auf Überleben und Neugestalten der Menschheit wird also konkret gesehen. Von christlicher Seite aus meint man nun selbstbewußt, vom Glauben her Impulse für ihre Verwirklichung geben zu müssen. Offenbar scheinen die Zeichen der Zeit Anlaß zu einer berechtigten Zukunftshoffnung zu geben, die Großartiges erwarten läßt. So verheißt z. B. Billy Graham anläßlich seines 60. Geburtstages in einem Interview:

»Erstaunliche wissenschaftliche Erfolge und *ein neues religiöses Bewußtsein* werden das nächste Jahrzehnt zu einem der aufregendsten aller Zeiten machen. Der Besuch Papst Johannes Paul II. in Amerika, der unser aller Seelen aufgewühlt hat, war eines der wichtigsten Ereignisse auf dem Weg zum religiösen Wiedererwachen. Die Art, wie die Menschen den Papst in ihr Herz aufgenommen haben, ist für mich ein Beweis, daß wir im Geist hungrig sind nach einer neuen Ära der Moral und des stabilen Familienlebens. Die familiären Bindungen werden wieder stärker werden. Ich bin überzeugt, daß das nächste Jahrzehnt eine dramatische Senkung der Scheidungsraten bringen wird. (...)

Da wir in eine Ära der wissenschaftlichen Zusammenarbeit eingetreten sind, können wir damit rechnen, daß schon bald die erstaunlichsten medizinischen Durchbrüche erzielt werden. Außerdem halte ich große Fortschritte in dem Bemühen, den Prozeß des Alterns zu verlangsamen, für möglich, sobald die Wissenschaftler die Rätsel um die Zellen-Regeneration gelöst haben. Aufregende neue Technologien in der Bauindustrie werden jeder Familie die Möglichkeit schaffen, ihr Wunschhaus zu kaufen.

Außerdem dürften wir Mittel finden, das Wetter auf der ganzen Welt zu beeinflussen und damit eine noch nie dagewesene Steigerung der Nahrungsmittel-Produktion zu erzielen. Es wird für jedermann genug zu essen geben. *Um in dieses neue goldene Zeitalter* einzutreten, muß der Mensch sich Gott zuwenden. Wenn das geschieht, wird Gott auch unsere Gebete für den Frieden in der Welt in den 80er Jahren erhören. Dann bricht eine neue Zeit der Toleranz und des Verstehens unter allen Nationen an.«[202]

Für seine internationalen religiösen Bemühungen wurde Dr. Graham am 18.5.1982 im Londoner Buckingham Palast die mit »460 000 Mark höchstdotierte Auszeichnung der Welt«, der »Templeton-Preis für Fortschritt in der Religion« verliehen.[203]

Menschen, die eine Sensibilität für das neue Bewußtsein haben, sind sich einig, daß es eine Chance gibt, die Zukunft der Menschheit zu sichern. Um dies Ziel zu erreichen, also Antwort auf die bedrängenden Fragen nach sozialer Gerechtigkeit, politischem Frieden und Erhaltung der Umwelt zu geben, müssen Wege aufgezeigt werden, die gangbar sind. Es scheint, daß sie unter der Lösung »Global denken – lokal handeln« auch gefunden werden.

b) Voraussetzungen

Um das visionäre Ziel zu erreichen, werden für die Verwirklichung der Zukunft von allen, die Hoffnung vermitteln wollen, Bedingungen gestellt. Keiner lebt in der Illusion, am Ende werde »alles gut«, wenn man alles beim alten belasse und nur abwarte, bzw. auf ein exorbitales Wunder hoffe. Alle sind sich darin einig, daß nur eine tiefgreifende Veränderung des Bewußtseins die Menschheit zum Ziel führt. Da dies nicht auf einmal zu erwarten sei, müßten solche, die bereits ein neues Bewußtsein von Friedfertigkeit und Verantwortung besäßen, vorangehen, um andere mitzuziehen. Zeichen müßten gesetzt werden, unübersehbar und richtungweisend. Diese Appelle – Allgemeingut der großen humanistischen Tradition – werden sowohl von New-Age-Vertretern, Ökumenikern und theologisch Liberalen als eben auch – und das ist neu – von einigen Evangelikalen vorgebracht. Dies ist deshalb besonders verwirrend, weil die Evangelikalen sich in ihrem theologischen Bekenntnis von den anderen Standpunkten bisher sehr deutlich unterschieden. Bei vielen – nicht allen – evangelikalen Gemeindegliedern ist deshalb auch der Verstoß eines ihrer Exponenten in Sachen Evangelisation auf dem Friedensforum 1982 in Moskau auf große Verwunderung und zum Teil heftige Kritik gestoßen. In seiner Rede auf der »Konferenz religiöser Vertreter für die Rettung der heiligen Gabe des Lebens vor der nuklearen Katastrophe« betonte Billy Graham, daß man »trotz der vielen grundsätzlichen Unterschiede ... mit einem gemeinsamen Anliegen zusammengefunden« habe,

> »weil es mindestens zwei Dinge gibt, die wir gemeinsam haben: Erstens sind wir unabhängig von unserer Herkunft *alle Glieder der Menschheit,* und das Problem, mit dem wir uns beschäftigen, geht jeden Menschen auf unserem Planeten an, ganz gleich, welche kulturellen, politischen oder religiösen Ansichten er haben mag. Zweitens: obwohl wir eine Reihe von Unterschieden haben, bekennen wir uns *gemeinsam* zu der Grundüberzeugung von der Heiligkeit menschlichen Lebens und der Notwendigkeit, auf die Nöte, mit denen es die Menschheit zu tun hat, geistliche Antworten zu geben.«

Er führt dann den aktuellen Anlaß für dies gemeinsame Handeln vor Augen:

> »Der tiefste Grund ist wohl die Erkenntnis, daß die Menschheit zum ersten Mal in ihrer Geschichte die Fähigkeit besitzt, durch die Entwicklung, Herstellung und Verbreitung von Atomwaffen sich selbst zu zerstören. Ohne Zweifel sieht sich die Welt dem kritischsten Augenblick seit dem Beginn der Menschheitsgeschichte gegenüber.«

Grahams Lösungsvorschläge wenden sich nun pauschal an »die Welt«. Es sei an der Zeit, »daß wir *die Welt dringend bitten,* sich *auch einer geistlichen Lösung* zu öffnen.«

Wie diese aussehen könnte, wird aus einem Papst-Zitat deutlich, das Graham zur Bestätigung seines Anliegens anführt:

> »Papst Johannes Paul II. hat gesagt: Unsere Zukunft auf diesem Planeten, der der atomaren Vernichtung ausgesetzt ist, hängt von einem einzigen Faktor ab: *Die Menschheit muß eine moralische Umkehr vornehmen.«*

In diesem Faktor sieht auch Graham die Möglichkeit zum Frieden! Deshalb beabsichtigt er, *»der ganzen Menschheit* eine geistliche Schau vom Weg zum Frieden zu geben«. Dazu wendet er sich an *»die Nationen* und *die Führer unserer Welt«,* um sie zur Buße zu rufen. Zusätzlich zu der persönlichen Umkehr »müssen wir auch als *Nationen und Völker* Buße tun für das Versagen der Vergangenheit«. Konkret ruft er »die *Nationen und Führer in unserer Welt* dazu auf ..., sich neu dem Frieden und der Gerechtigkeit zu widmen«. Dazu gehöre auch, »den gegenseitigen Respekt zwischen den Religionen neu (zu)betonen« und *»die Völker der Erde zum Gebet auf(zu)rufen«.*

Den Christen gebietet er, daß sie »mit allen zusammenarbeiten (sollen), die sich aufrichtig um Frieden in unserer Welt bemühen«.[204]

Graham, der sich in Moskau persönlich klar zu Jesus Christus bekannte – (»ich möchte ... erklären, daß ich alles, was ich war, bin und in diesem oder dem kommenden Leben zu sein hoffe, Jesus Christus verdanke«) wirft das ganze Gewicht seiner Persönlichkeit in die Waagschale, um die Welt für eine »geistliche Lösung zu öffnen«. *Voraussetzung für den Frieden sei »eine moralische Umkehr der Menschheit«.* Ob dies vom biblisch-realistischen Denken her möglich ist, muß weiter unten beurteilt werden. Allerdings sind sich auch vom humanistischen Gedankengut geprägte Menschen darin einig, daß nur eine religiöse Erneuerung gesellschaftliche Veränderungen bewirke. E. Fromm z.B. ist der Überzeugung,

> »daß religiöse Impulse die nötige Energie beisteuern, die Männer und Frauen brauchen, um tiefgreifende gesellschaftliche Umwälzungen zu bewirken; und schließlich, daß nur durch einen tiefgreifenden Wandel des menschlichen Herzens eine neue Gesellschaft entstehen kann ...«[205]

Freilich faßt er den Begriff »Religion« sehr weit. Auf jeden Fall glaubt er,

> »daß uns nur ein fundamentaler Wandel der menschlichen Charakterstruktur, ein Zurückdrängen der Orientierung am Haben zugunten der am Sein, vor einer psychischen und ökonomischen Katastrophe retten kann.«[206]

Deshalb nennt er ganz konkrete Schritte zur Veränderung der eigenen Charakterstruktur, der eigenen Lebensgewohnheiten, die dann kollektive bzw. gesellschaftliche Auswirkungen nach sich zögen. Dasselbe Konzept vertritt Franz Alt:

> »Ich bin überzeugt von der Lernfähigkeit des Menschen, ich glaube an die verschütteten und unentdeckten Intelligenz- und Liebesreserven in uns. Jeder, der will, kann sie erschließen.«[207]

Konkrete Schritte gehen *wollen,* ist einstimmig die Bedingung aller an der Verwirklichung der Zukunft Interessierten. Für Alt liegen sie im Praktizieren der Bergpredigt, die er für den »Weg zur Menschwerdung jedes Einzelnen und dadurch auch zur Menschwerdung der Menschheit« hält.[208] Für Fromm liegen die Schritte in den »Vier edlen Wahrheiten« die den Kern der Lehre Buddhas ausmachen und im »Marx'schen Erlösungsbegriff«[209].

Für andere sehen die Wege wieder anders aus. Einig sind sich alle darin, daß durch Umdenken, d.h. durch Ablegen alter Lebensgewohnheiten, die zum Krieg, zur Ausbeutung der Natur und zur sozialen Ungerechtigkeit führten, und durch Neudenken, das bereit ist, an die Möglichkeiten der Hoffnung zu glauben, das Ziel der erneuerten Menschheit in Friede mit sich und der Natur zu erreichen sei. Nur, man müßte *irgendwo* ganz konkret beginnen, und seien es auch nur kleine Schritte des alternativen Lebens. Man könnte z.B. das Niveau seiner Ansprüche an Wohlstand, Technik u.a. senken, d.h. vielleicht ein kleineres Auto fahren o.ä. So nennt Großmann sieben »Pfade in die Zukunft«, die man in der »schöpferischen Nachfolge« gehen könne, am besten in kleinen Gruppen, »die in Verbindung zu christlichen Gemeinden stehen, Lebensstilgruppen, Hausgemeinden, Wohngemeinschaften, kleine alternative Arbeitsgemeinschaften, die so ihren Weg in die Zukunft finden.«[210] Er hält es durchaus für möglich, »mit Gruppen ›verknüpft‹ zu sein, die auf bestimmten Gebieten etwas tun oder lehren, was ich selbst auf keinen Fall akzeptieren kann«. Es gäbe zwar noch ungeklärte Grenzen, »z.B. bei der Zusammenarbeit mit den kommunistischen Gruppen«, aber es sei wichtig, »die Grenzen der Zusammenarbeit möglichst weit zu stecken, solange es möglich ist, meine eigene Überzeugung offen zu vertreten«.[211]

> »Tatsächlich gibt es zwischen ökologischen Systemen und christlichen Gemeinschaften, die ihre charismatische Struktur entwikkelt haben, verblüffende Parallelen.«[212]

Die »Einbindung in das Netzwerk alternativer Gruppen« sei jedenfalls ein wichtiger Pfad in die Zukunft wie die Entdeckung der »Gemeinde als Lebensraum.«

Fazit: Auch Vertreter des christlichen Glaubens rechnen neuerdings mit der Chance einer moralischen Umkehr der Menschheit, die sich angesichts der globalen Krise in kleinen Schritten vollziehe und zum Ziel einer die Katastrophe überwindenden neuen weltweiten Gesellschaft führe, in der soziale Gerechtigkeit, politischer Frieden und die Bewahrung der Natur verwirklicht sei. Sie betonen die allen Menschen gemeinsame Herausforderung durch die globale Krise und signalisieren ihre Bereitschaft, mit all denen zu kooperieren, die dasselbe Ziel in gutem Willen anstreben. Im folgenden Abschnitt soll geprüft werden, ob dies Anliegen biblisch gerechtfertigt ist.

2. »Wir rühmen uns in der Hoffnung der Herrlichkeit Gottes«

Daß Christen zu allen Zeiten, besonders in denen starker Pressionen eine lebendige Hoffnung bekannten, gehört zu den grundlegenden Auswirkungen ihres Glaubens. Sie preisen den Gott und Vater ihres Herrn Jesus Christus, der sie »wiedergeboren hat zu einer lebendigen Hoffnung durch die Auferstehung Jesu Christi aus den Toten zu einem unvergänglichen und unbefleckten und unverwelklichen Erbteil, das in den Himmeln aufbewahrt ist« für sie (1. Petr. 1,3f). Dabei betonen sie, daß der Grund ihrer Hoffnung außerhalb ihrer eigenen Möglichkeiten und Fähigkeiten liegt, nämlich in dem Werk ihres gekreuzigten, auferstandenen, erhöhten und wiederkommenden Herrn Jesus Christus. Das Pfand oder Angeld ihres Erbes ist der Besitz des Heiligen Geistes, mit dem sie von Gott bis zu ihrer Erlösung versiegelt sind (Eph. 1,13f). Dieser Geist wirkt den zuversichtlichen Glauben an die Tatsachen, die sie erhoffen (Hebr. 11,1), und läßt sie gegen den paradoxen Schein des Sichtbaren die Herrlichkeit Gottes schauen (Joh. 11,40).

In dem Bewußtsein, in Christus schon erlöst, aber noch nicht vollendet zu sein, warten sie auf ihres Leibes Erlösung (Röm. 8,23) und leben in der spannungsvollen Existenz zwischen dem alten und neuen Äon in ihrer Heiligung (1. Thess. 4,3). »In Christus« nicht mehr »von der Welt«, betrachten sie sich aber doch bewußt als seine Gesandten »in der Welt« (Joh. 17,14.18), um an ihr den von ihrem Herrn übertragenen »Dienst der Versöhnung« auszurichten, indem sie »bitten für Christus: Laßt euch versöhnen mit Gott!« (2. Kor. 5,18–20). Dieser Dienst wird sich nicht in verbalen Appellen erschöpfen, sondern in der missionarisch/diakonischen und sozialen Verantwortung glaubwürdig erweisen müssen. Bei alledem wissen sie, daß »die ganze Welt im Argen liegt« (1. Joh. 5,19) »und mit ihrer Lust . . . vergeht« (1. Joh. 2,17), daß aber diejenigen, »die den Namen des Herrn anrufen, gerettet werden« (Röm. 10,13). Diese durch Gottes Gnade Erretteten werden durch den Heiligen Geist in den Leib Christi, die Gemeinde Gottes, eingegliedert und bilden so die Heilskörperschaft, durch die Gott seine »mannigfaltige Weisheit« kundtun will. Ziel der Gemeinde Jesu als der Körperschaft Christi ist die Vereinigung mit ihrem Haupt bei seiner Parusie (1. Thess. 4,15–17).

Wo treten nun konkret die Unterschiede des neuen Bewußtseins zum biblisch-heilsgeschichtlichen Denken auf?

a) *Die mangelnde Unterscheidung von Gemeinde und Welt*

Das neue Bewußtsein tut so, als ob Gemeinde und Welt auf demselben Weg wären, in dieselbe Richtung auf dasselbe Ziel zugingen, höchstens mit unterschiedlichen Erkenntnissen.

W. Becker entwirft folgendes Bild:

> »Ausgangspunkt ist das Pfingstereignis, wo ›Gottes Geist über alles Fleisch ausgegossen‹ wurde. In Christus die Bezahlung der Schuld für alle Welt! Verkündigung des Evangeliums allen Völkern und aller Kreatur! Zusammengefaßt unter dem einen Haupt, das versprochen hat, alle zu sich zu ziehen, wenn es erhöht ist! Ich glaube, daß Jesus diese Welt nicht verlassen hat, um irgendwo anders ein neues Reich aufzubauen. Er hat hier unter uns Sein Reich begonnen und bestimmt, daß es bleiben soll. Im konsequenten Ausziehen dieser Gedanken müßten überall Heilungs- und Friedenskräfte in der Welt zu spüren sein. Hoffnung mit diesem Horizont kann uns befähigen, solche Aufbrüche überall, Gott sei Dank, nicht nur unter Christen, zu entdekken.«[213]

Der »neue Mensch« und damit »die neue Menschheit« sei »Gott sei Dank . . . bereits im Kommen«[214]. Man könnte »den Begriff Bruder-Mensch wählen«, dessen »Prototyp Christus« sei. Kennzeichen seien »seine Fähigkeit zur Partnerschaft«, zur »Freundschaft«, zur Toleranz und Solidarität.

> »Für den Christen heißt es immer wieder, auszuziehen aus den geschützten Räumen der etablierten Kirchen und Organisationen, um wieder dorthin zu kommen, wo seine Existenz gebraucht wird . . . Die neue Gemeinschaft ist offen und gibt sich schutzlos dem Leben preis.«

Dieses Ausziehen aus den »etablierten Räumen«, um mit allen zu kooperieren, die das Ziel der neuen Menschheit haben, wird allenthalben gefordert. Die Christen brauchten »neue Augen und eine bessere Sensibilität, um das Wirken des Geistes Gottes und die Gegenwart Christi in den heutigen gesellschaftlichen Prozessen aufzuspüren und als solche zu deuten.«[215]

Theologisch begründet wird das kooperative Arbeiten an der Verwirklichung des Friedensreiches meistens mit folgenden Aussagen:

1. Mit Jesus habe bereits das Reich Gottes begonnen und damit die Zeitenwende für die ganze Welt.

2. Pfingsten markiere die Zeitenwende noch deutlicher: »Jetzt ist der Heilige Geist freigeworden in Seiner Wirksamkeit für die ganze Welt.«[216]

3. Die alttestamentlichen Bilder, die »faszinierenden Visionen« der Propheten (Micha 4 und Jesaja 2) müßten einen »Bedeutungswandel« erfahren und sich statt auf Israel auf die Gemeinde beziehen. »Nachfolge heißt dann, mit Jesus den Weg des umfassenden Friedens zu gehen – einen Weg, auf dem die Nationen folgen.«[217]

So ergibt sich dann folgende Zukunftsvision:

»Gott ist nicht irgendwo – Er ist vor uns. Es ist entscheidender, daß einige vorangehen, als daß alle folgen – wenn einige vorangehen, werden viele in Bewegung kommen. Die Nationen, heute vielleicht auch die Gruppen, die Strömungen und die Ideologien, machen sich auf den Weg zum Berg mit dem Haus des Herrn. Wenn wie unsre Augen aufmachen, werden wir viele sehen, die zum gleichen Ziel wollen wie wir. Sie sind vielleicht anders gekleidet, sie haben vielleicht einen anderen Frömmigkeitsstil, aber weil sie den gleichen Weg gehen wollen wie wir, können wir mit ihnen zusammengehen ... Je mehr wir in den Gemeinden zu einem Raum des Friedens und des Vertrauens werden, desto sichtbarer wird dieses Zeichen zur Orientierung für die Menschen und die Nationen in der Jahrtausendkrise. Laßt uns Schritte tun im Licht Gottes! Schritte, die mühsam sind, die uns alles abverlangen, aber die eine große Verheißung haben: die Verheißung des umfassenden Friedens.«[218]

Die Gemeinde, die »erneuerten Menschen«, an der Spitze eines gewaltigen Zuges zum »Berg mit dem Haus des Herrn«, so zeigt sich die Vision des neuen Bewußtseins. Wie kann es zu diesen utopischen Vorstellungen kommen? Diesem Denken liegt der Ansatz zugrunde, daß der Geist Gottes, der Geist der Hoffnung, nicht nur in der Gemeinde Gottes walte, sondern seit Pfingsten »ausgegossen ist auf alles Fleisch« und somit zur »Offenbarung Gottes im säkulären Raum« führe. Von daher werde »alles Lebendige von Gott ... gedrängt zur Gestaltung, zur Vollendung, zur vollendeten Gestalt.« Überall seien deshalb auch »außerhalb der Mauern der Gemeinde« die heilenden Kräfte Gottes zur Verbesserung der Welt und der Gesellschaft am Werke.

Theologisch durchreflektiert hat diesen Ansatz in jüngster Zeit Jürgen Moltmann. In seinem Buch »Gott in der Schöpfung« vertritt er die Auffassung[219], daß der Schöpfergeist die Welt durchdringt und somit »jedes Einzelne als Teil des Ganzen und jedes Beschränkte als eine Darstellung des Unendlichen« aufzufassen ist.

»Alle Geschöpfe sind Individuationen der Schöpfungsgemeinschaft und Manifestationen des göttlichen Geistes.«

Der der Schöpfung »einwohnende Geist macht aus (der) Leidensgeschichte der Schöpfung eine *Hoffnungsgeschichte.*«

Dieser Ansatz reicht so nahe an die Vorstellung des Pantheismus, daß der Eindruck entsteht, Moltmann vertrete diese Ansicht. Er differenziert aber und spricht stattdessen vom *»Pan-en-theismus«*. Mit einem Heine-Zitat macht er auf den Unterschied aufmerksam:

> »Aber das ist eben der Irrtum: Alles ist nicht Gott, sondern Gott ist alles; Gott manifestiert sich nicht in gleichem Maß in allen Dingen, er manifestiert sich vielmehr nach verschiedenen Graden in den verschiedenen Dingen, und jedes trägt in sich den Drang, einen höheren Grad der Öffentlichkeit zu erlangen; und das ist das große Gesetz des Fortschritts in der Natur.«

Es gibt also nur *quantitative*, graduelle Unterschiede in dem großen ganzen Entwicklungsprozeß des Wirkens Gottes. Christen und Nichtchristen sind auf dem gemeinsamen Weg zum Ziel. Wenn auch nicht alle Vertreter des neuen Bewußtseins ausdrücklich diesen Ansatz vertreten, liegt er doch den idealistischen und evolutionären Hoffnungskonzepten zugrunde.

Das ist mit dem biblischen Offenbarungszeugnis völlig unvereinbar. Der panentheistische Ansatz gehört in den Bereich der natürlichen Theologie: Dort wird behauptet, man könne Gott auch abgesehen von seiner speziellen Offenbarung in Christus, im Blick auf seinen Willen in der Schöpfung, mit der Vernunft erkennen und erfahren! Demgegenüber stellt das NT fest, daß es zwar eine »Schöpfungsoffenbarung« gibt (vgl. Emil Brunner gegen Karl Barth), d.h. die Möglichkeit, in der Schöpfung das *»Daß«* der Existenz Gottes nachzuweisen (Röm. 1,20f), nicht aber die Möglichkeit, in der *»allgemeinen Offenbarung«* der Schöpfung Gottes Heilswillen zu erkennen. Dies ist erst in der *»speziellen Offenbarung«* in Christus und seinem Wort möglich! Die einzig adäquate Reaktion des Menschen auf Gottes Offenbarung ist Glaubensgehorsam (Röm. 1,5).

Weiterhin sagt Jesus seinen Jüngern, daß der Grund ihrer Hoffnung der Beistand ist, den ER ihnen senden wird, wenn ER verherrlicht ist, *»den Geist der Wahrheit, den die Welt nicht* empfangen kann, weil sie ihn nicht sieht, noch ihn kennt« (Joh. 14,17). Damit macht ER deutlich, daß die Welt den Heiligen Geist weder sieht noch kennt, denn er gehört denen, die der Vater seinem Sohn gegeben hat. »Ihr kennt ihn, denn er bleibt bei euch und wird in euch sein« (Joh. 14,17b). »Dies sagte er aber von dem Geist, den die empfangen sollten, die an ihn glaubten« (Joh. 7,39).

Das Einwohnen des Geistes Gottes ist nur bei Menschen möglich, die glauben! Nur aufgrund von Buße, d.h. einer radikalen Sinnesänderung, wird »die Gabe des Heiligen Geistes empfangen« (Apg. 2,38). Gerade das ist das Unterscheidungsmerkmal zwischen Christen und Nichtchristen, zwischen Gemeinde und Welt. Im Neuen

Testament heißt es: »Fleisch und Blut können das Reich Gottes nicht erben« (1. Kor. 15,50). Gemeinde ist die Versammlung wiedergeborener, durch den Heiligen Geist zu einem Leib getaufter Menschen, die Jesus als den Herrn bekennen! Und dies mitten in einer Welt, die zwar auf Erlösung harrt, aber in ihrer Ablehnung des Heilands unter dem Zorn Gottes bleibt. (Joh. 3,36; Röm. 1,18).

b) Das unterschiedliche Verständnis von Gottes Wirken

Beim neuen Bewußtsein heißt es:

> Gott glaubt nicht an einen Untergang der Welt und an einen Triumph des Bösen. Es sind menschliche Begrenztheiten der Liebe, die uns solche Hoffnungslosigkeiten suggerieren wollen. Eine determinierte Zukunftsschau, die hoffnungslos ist, d.h. keine Veränderungsmöglichkeit offenhält, ist ein Zeichen mangelhaft verstandener Liebe Gottes.«[220]

Hier wird die Liebe Gottes zu einem einseitig verstandenen Prinzip erhoben. Es fällt auf, daß bei vielen neuen christlichen Zukunftsentwürfen die Gerechtigkeit Gottes wegfällt. Gott oder gar Christus als Richter sich vorzustellen, hieße in mittelalterliche Denkgewohnheiten zurückzufallen. Das Reich Gottes sei eine wie der Sauerteig sich ausbreitende Größe, die auch das Böse immer mehr verdränge. Gott, der ja bereits am Kreuz Gericht geübt habe, verzichte aus Liebe auf Gewaltanwendung und Zerstörung seiner von ihm selbst gebauten Welt.

Wie steht es aber mit den Gerichtsvisionen des prophetischen Wortes? Aus ihnen wird, wenn man sie im Licht des neuen Bewußtseins liest, »ein ganz anderes Bild«, versichert P. Hahn.

> »Sie sind dann keine Rache eines liebenden Gottes mehr (fallen also nicht in seinen Verantwortungsbereich), sondern Vorhersagen für das, was vermutlich bei uns auf Erden eintreffen wird, wenn wir nichts ändern. Doch damit läge die Verantwortung für all dieses Geschehen voll bei uns Menschen . . . Daß die Greueltaten, von denen wir in der Bibel lesen, eintreffen, das können nur wir Menschen allein verhindern.«[221]

Dieser Umgang mit dem Wort Gottes ist typisch für die Art und Weise, wie man das Eintreten für eine bessere Zukunft begründet. Nicht biblisch-heilsgeschichtlicher Realismus, der das prophetische Wort der Schrift ernst nimmt, spricht aus diesen Visionen, sondern humanistisch-evolutionärer Glaube an das Menschenmögliche.

Ebenso wie man sich gegen »das Dogma der Unveränderlichkeit und Unverbesserlichkeit des Menschen« wendet (Fromm, Alt u.a.), wehrt man sich gegen einen feststehenden Heilsplan Gottes, den man als falsch verstandenen Determinismus ablehnt. Großmann:

> «Ich ziehe daraus den Schluß, daß es nach Gottes Wollen einen solchen Plan auch nicht geben soll.«[222]

Hier stößt das neue Bewußtsein an ein grundlegendes Verständnisproblem des prophetischen Wortes. Es interpretiert die apokalyptischen Bilder der Offenbarung lediglich als »Szenarios«, d.h. als *vermutete* Zukunftsentwicklung, die nur bildlich so *dargestellt* wird, als passiere sie wirklich. Auf keinen Fall könne man aus den eschatologischen Teilen des NT einen Fahrplan erstellen, nach dem Gott als der allein Handelnde verfahre. Dies würde ja zu einem totalen Verzicht menschlicher Mitgestaltung der Zukunft führen, was nicht gemeint sein könne, weil es mit der Würde des Menschen schlechterdings unvereinbar sei. Wie Gott sich von seinen Absichten durch das Einlenken der Menschen ablenken lasse, z.B. im Falle Ninives, so gebe es berechtigte Hoffnung, daß die Zukunft anders verlaufe, als sie von engstirnigen Christen ausgemalt würde.

> »Unser Beitrag als glaubende und hoffende Christen sollte nicht sein, daß wir den Untergang verkündigen und die Zukunft nur unter dem Blickwinkel der Apokalyptik sehen.«[223]

Was ist dazu zu sagen? Wir verkündigen als Zeugen Jesu natürlich nicht in erster Linie den Untergang der Welt, sondern »das Wort vom Kreuz«, das allerdings »denen, die *verloren* gehen, Torheit, uns aber, die wir *gerettet* werden, Gottes Kraft ist« (1. Kor. 1,18). Dieses Wort vom Kreuz offenbart sowohl Gottes Handeln in Gericht und Gnade als auch die Situation des Menschen unter dem Zorn Gottes! Wer nun aber »an den Sohn Gottes glaubt, hat ewiges Leben, wer aber dem Sohn nicht gehorcht, wird das Leben nicht sehen, sondern der Zorn Gottes bleibt auf ihm« (Joh. 3,36).

An dieser Tatsache gibt es genauso wenig zu verändern wie daran, daß das prophetische Wort die Entfaltung des Zorngerichts Gottes über eine in der Bosheit verharrenden Welt und Menschheit beschreibt. Diese »Beschreibungen« sind nicht »Szenarios«, sondern von Gott durch den Heiligen Geist geoffenbarte Wahrheiten.

> »Und so besitzen wir das prophetische Wort um so fester, und ihr tut gut, darauf zu achten als auf eine Lampe, die an einem dunklen Ort leuchtet, bis der Tag anbricht ... in dem ihr dies zuerst wißt, daß keine Weissagung der Schrift aus eigener Deutung geschieht. Denn niemals wurde eine Weissagung durch den Willen eines Menschen hervorgebracht, sondern von Gott her redeten Menschen, getrieben vom Heiligen Geist.« (2. Petr. 1,19–21)

Immer wieder lesen wir im NT, daß der Wille Gottes geschehen muß, daß welt- und heilsgeschichtliche Ereignisse eintreten werden. Jesus klärt seine Jünger in der Endzeitrede über die Absichten Gottes auf und sagt ihnen, was in der Zukunft passieren wird: »Sehet zu, erschreckt nicht; denn *dies alles muß geschehen* ...« (Matth. 14,6)

Das biblische Buch der Offenbarung beginnt mit den Worten »Offenbarung Jesu Christi, die Gott ihm gab, um seinen Knechten zu zeigen, was bald *geschehen muß*.«

So sieht Johannes, wie »vor dem Zorn des Lammes« Menschen zu fliehen versuchen und es doch nicht vermögen. »Es ist furchtbar, in die Hände des lebendigen Gottes zu fallen« (Hebr. 10,31), und: »Unser Gott ist ein verzehrendes Feuer« (Hebr. 12,29), bekennen von Gottes Geist ergriffene Menschen.

Aber auch das andere bleibt bestehen. Gott kommt mit seinen Heilsabsichten in Gericht und Gnade zum Ziel! Nicht »das Böse« triumphiert am Ende, sondern der Herr der Herrlichkeit. In einer atemberaubenden Schau sieht Johannes, wie »jedes Geschöpf, das im Himmel und auf der Erde und unter der Erde und auf dem Meer ist, und alles, was in ihnen ist« sagt: »Dem, der auf dem Thron sitzt und dem Lamm den Lobpreis und die Ehre und die Herrlichkeit und die Macht in alle Ewigkeit!« (Offb. 5,13).

Die heilige Unauflöslichkeit dieser Gedanken Gottes, die höher sind als unsre Gedanken (Jes. 55,8f), darf nicht durch gut gemeinte Vorschläge angetastet werden.

> »O Tiefe des Reichtums, sowohl der Weisheit als auch der Erkenntnis Gottes! Wie unausforschlich sind seine Gerichte und unausspürbar seine Wege! Denn wer hat des Herrn Sinn erkannt, oder wer ist sein Mitberater gewesen? Oder wer hat ihm vorher gegeben, und es wird ihm vergolten werden? Denn von ihm und durch ihn und für ihn sind alle Dinge! Ihm sei die Herrlichkeit in Ewigkeit! Amen!« (Röm. 11,33–36)

Aber noch ein dritter Aspekt des neuen Bewußtseins muß kritisch beurteilt werden:

c) Der synergistische Ansatz

Synergismus (wörtl. Zusammenwirken) bezeichnet die Lehre, die den menschlichen Willen im Zusammenwirken mit der göttlichen Gnade betont. Sie wurde von Augustin und den Reformatoren als Irrlehre verworfen, weil sie dem menschlichen Willen zu viel Macht der Gnade Gottes gegenüber einräumt.

Der durch die Sünde geknechtete Wille des Menschen kann gar nicht von sich aus ein gottseliges Leben wollen. Die Gnade Gottes muß ihn erst befreien. Gott macht den Anfang des Heils, nicht der Mensch. Sein Wille steht über dem des Menschen. In unserem Kontext zeigt sich der synergistische Ansatz darin, daß das neue Bewußtsein glaubt, die Bedingungen für die Erneuerung bzw. Verwandlung der Welt selbst erst schaffen zu müssen, damit Gott sie bei der Parusie Christi vollenden könne. Großman drückt das so aus:

> »Aber könnten wir nicht unsere Verantwortung für die Erde im Sinne des Gleichnisses von den anvertrauten Pfunden sehen? Wenn wir mit unserem Pfund, der uns anvertrauten Schöpfung, im Sinne Gottes arbeiten, sie also bebauen und bewahren, könnten wir Gott am Ende der Zeit eine Erde zurückgeben, die etwas von der ursprünglichen Qualität und Schönheit der Schöpfung zeigt. Dann könnte Gott bei der großen Verwandlung der alten Erde zur neuen Erde und des alten Himmels zum neuen Himmel so viele Bausteine des Alten verwenden, daß es weniger um eine Zerstörung, sondern eher um eine Verwandlung ginge. Vielleicht hofft Gott darauf, daß die Menschen angesichts der drohenden Katastrophe so umkehrfähig werden und so viele bereit sind, zum Leben nach dem Willen Gottes zurückzukehren, daß ein Eingreifen bei dieser letzten Verwandlung mit dem großen Maß an Barmherzigkeit übereinstimmen kann, das zu seinen wesentlichsten Eigenschaften gehört.«[224]

Diese Aussagen gehören ganz und gar in den Bereich idealistischer Theologie, nicht in den heilsgeschichtlich-realistischen Offenbarungsrahmen der Schrift. Sie sagen letztlich, daß wir die Zukunft so bauen können, daß Gott sie schlußendlich »abnehmen« kann, indem er sein Reich durch sanfte Umwandlung der Erde neu aufrichtet. Mit anderen Worten: Menschen und Gott kommen sich so entgegen, daß das gegenwärtige und das zukünftige Gottesreich durch eine sanfte Wandlung ineinander übergehen, ohne Bruch, ohne Gericht. Ein weiterer (unausgesprochener) Gedanke ist der, daß das bereits angebrochene Reich Gottes sich zur universalen neuen Menschheit ausweitet, die den gesamten Lebensraum der Erde umfaßt. Die prophetischen Beschreibungen vom Friedensreich, von ausgesöhnter Natur und Menschheit seien nicht (nur) Auswirkungen eines *revolutionären* transzendenten Geschehens von oben her (also Folgen der sichtbaren Wiederkunft Jesu durch Gericht und Gnade), sondern Auswirkungen eines *evolutionären* christlichen Friedensengagements »vom Menschen her«, von »hier aus«. Der Gemeinde komme in diesem Prozeß zum Heil für die ganze Menschheit und Welt Pilotbedeutug zu.

Es wird vom neuen Bewußtsein des öfteren die Hoffnung zum Ausdruck gebracht, daß immer mehr Menschen angesichts der globalen Krise eine Umkehr ihrer Lebensgewohnheiten vollziehen, dies um so mehr, wenn sie an der Gemeinde zeichenhaft die »neue Gesinnung« von »erneuerten Menschen« sehen. Ja, es werden sogar

»die ganze Menschheit«, die Nationen und die Führer unserer Welt zur »Umkehr« aufgefordert, weil die Zeit sehr drängt.

Einmal abgesehen von dem diffusen Gebrauch der Terminologie des neuen Bewußtseins – Begriffe wie Umkehr, erneuerter Mensch, Wiedergeburt, Spiritualität u. v. a. werden oft nicht im biblisch-soteriologischen (das Heil in Christus betreffenden) Sinn gebraucht, sondern meistens in ökologischer Weise – ist doch zu fragen, ob man wirklich vom Wort Gottes her glaubt, pauschal Hoffnung für die Menschheit vermitteln zu dürfen.

Vom heilsgeschichtlichen Offenbarungszeugnis der Schrift her ist dies Denken aber völlig unmöglich.

Der Traum von einer erneuerten und geeinten Menschheit macht schmerzhaft die mangelnde Einsicht in Wesen und Auftrag der Ekklesia bewußt. Es war u. a. Erich Sauer, der sehr deutlich darauf hingewiesen hat,

> daß »das Programm für die Jetztzeit . . . nicht Umwandlung der Menschheit und Schaffung christlicher Völker (ist), sondern aus ihnen ein Volk zu nehmen für Seinen Namen (Apg. 15,14; 1. Petr. 2,9f), nicht Christianisierung der Rassen (dies wird erst im sichtbaren, kommenden Gottesreich geschehen; Jes. 2,3; 4; 19,21–25), sondern Evangelisierung der Rassen zum Zweck der Berufung eines übernationalen Gottesvolkes (Matth. 28,19; Mark. 16,15).«[225]

Ganz ähnlich wie Sauer äußert sich Hugo Flemming zum Wesen der Gemeinde in seiner Broschüre »Die Gemeinde Jesu«:

> »Die *Gemeinde Jesu ist* durch die Osterbotschaft aus Juden und Heiden herausgerufen, ist die Ekklesia. Die Glieder werden als ›Leib Christi‹ zusammengeschlossen, und zwar zur Verkörperung und Sichtbarmachung des unsichtbaren Hauptes. Der Leib Christi hat deshalb einen ganz anderen Auftrag und ein gänzlich anderes Ziel als das Reich Gottes. Sollen durch Israel als Volk alle Völker der Erde gesegnet werden, so sind die Glieder des Leibes ›die Diener Christi und Haushalter über Gottes Geheimnisse‹ (1. Kor. 4,1). Diesen ›Haushaltern‹ tut Christus das Geheimnis Seines Willens kund. Sie sollen *nicht die Welt und ihre Völker christianisieren, einer allmählich fortschreitenden höheren Entwicklungsstufe zuführen,* sondern vielmehr *in der schlichten Nachfolge des Leidensweges Jesu, unter Verzicht auf Ehre und Anerkennung, das Wesen und die Art ihres Herrn vor der Welt zur Darstellung bringen.«*[226]

Aus dem prophetischen Wort des Neuen Testaments geht hervor, daß das Evangelium von Jesus Christus zwar aller Kreatur gepredigt werden muß, daß aber *eine weltweite Annahme des Evangeliums nicht zu erwarten ist!*

»Die beliebte Theorie, als könne in diesem Zeitalter die Bekehrung der Welt erreicht werden, ist unhaltbar, ... Wer sich vom Irrtum solcher Erwartungen nicht durch Jesu Wort befreien lassen will, der wird gerade am Ende unseres Zeitalters von einer Enttäuschung zur anderen geführt.«[227]

Auch die Annahme, die Menschheit werde – vernünftig und friedfertig geeint – am Aufbau einer neuen Weltordnung zum ersehnten Ziel kommen, erweist sich im Licht des prophetischen Wortes als humanistische Illusion. Aus diesem Grund findet man im NT vergebens Appelle »an die Menschheit« oder »an die Nationen und Führer unserer Welt ..., sich dem Frieden und der Gerechtigkeit zu widmen.«

Nicht von ungefähr erschien »der Friedefürst« genau zu dem Zeitpunkt, als die »pax romana«, der Weltfriede unter Augustus proklamiert wurde, um Sein Friedensreich, »das nicht von dieser Welt« ist, unter »den Menschen Seines Wohlgefallens« (Luk. 2,14) zur »Ehre Gottes« aufzurichten. Deshalb sucht man im NT die Aufforderung, »mit allen zusammenzuarbeiten, die sich aufrichtig um Frieden bemühen« vergebens! Der Imperativ: »Soviel an euch liegt, habt mit allen Menschen Frieden!« (Röm. 12,18), liegt auf einer ganz anderen Linie, die der Glaubwürdigkeit des gemeindlichen Zeugnisses von Jesus dient. Die Leichtigkeit, mit der sich junge Menschen heute von dem missionarischen Auftrag der Gemeinde Jesu abwenden, liegt sehr häufig in den Illusionen begründet, die Welt in Zukunft positiv verändern zu können. »Der Glaube an das Menschenmögliche«[228], »etwas für eine bessere Welt zu tun«, scheint oft attraktiver als das »untätige Ausharren auf die Wiederkunft Jesu« und das mühsame Geschäft missionarischen Lebens.

Nun noch ein letztes: Trifft der Vorwurf des neuen Bewußtseins zu, daß Christen, die sich »nur« auf das kommende Reich Gottes, auf die Wiederkunft Jesu, auf die apokalyptischen Katastrophen einstellen, weltvergessen sind und das Tun hier, die Weltverantwortung, unterlassen?

Die Beantwortung dieser Frage hängt unmittelbar mit dem Selbst- und Gemeindeverständnis der Christen zusammen. Hier sei zunächst auf das heilsgeschichtliche Verständnis von Gemeinde und Reich Gottes, wie es Erich Sauer erkannte, hingewiesen. Ernst Schrupp[229] referiert es so:

Anstelle der bisherigen Zweiteilung von Israel und Weltvölkern tritt nun mit der Gemeinde als ›drittem Geschlecht‹ (Ausdruck aus dem 2. Jh.) eine Dreiteilung der Menschheit (1. Kor. 10,32): Juden, Heiden (Völker) und Christen (Apg. 11,26). Die heilsgeschichtliche Sicht von der ›Ekklesia‹ bewegt die Gemeinde zur

Mission. Sie ist Träger der Weltmission. Dabei ist das Programm für die Jetztzeit nicht Umwandlung der Menschheit und Schaffung christlicher Völker, nicht Christianisierung der Welt, sondern Herausrufung Einzelner aus der Welt. Die Gemeinde ist eine Neuschöpfung Gottes ... So ist die Gemeinde bereits ein ›Hineinragen der neuen Schöpfung mitten in die alte, der Lebensraum Gottes in der Geschichte ..., eine prophetisch-lebendige Vorausdarstellung des großen Ziels der Erlösung‹ (Offb. 21,3; Kol. 1,27). Da gibt es zugleich Reichtum und Spannung des gegenwärtigen Heils – ein schon jetzt und noch nicht.«

Von der Gemeinde, der Ekklesia, zu unterscheiden ist das Reich, die Königsherrschaft Gottes, das eigentliche Grundthema der Bibel. Diese biblische Schau hat einen persönlichen, gemeindlichen und universalen Aspekt zugleich. Erich Sauer schreibt:

»Alle Äonen (Zeitalter) und Perioden der göttlichen Offenbarungswege, alle Gruppen und Kreise angeredeter Personen – sei es Israel, die Völkerwelt oder die Gemeinde –, alle Tempel, Heiligtümer und Erlösungstaten, alle Vorder- und Hintergründe himmlischer und dämonischer Wirklichkeiten stehen irgendwie – teils positiv, teils negativ – in Beziehung zur Geschichte des Reiches Gottes. Das ›Reich‹ selbst ist das königliche Heilswirken Gottes zur Durchführung seines Schöpfungs- und Erlösungsratschlusses.«[230]

Die Gemeinde ist der Ort, an dem Christus unsichtbar und doch wirklich mit seinem Evangelium regiert. Das Reich ist der Herrschaftsbereich Gottes, der weit über die Gemeinde hinausreicht und an dessen Ziel Gott »alles in allem« sein wird (1. Kor. 15,28). Sauer zeigt die Entfaltung des kommenden Reiches in drei Etappen, indem er zuerst auf das antichristliche Gegenreich hinweist, das im Gericht untergeht, zweitens auf das zukünftige sichtbare Friedensreich Christi, das sog. Tausendjährige Reich (Offb. 20,1–6), und schließlich nach Weltuntergang und Weltgericht auf die Weltvollendung. Schrupp sagt dazu:

»Das Reich Gottes wird nicht durch Wachstum und Aufstieg, sondern erst nach Zusammenbrüchen und Weltkatastrophen zur Herrschaft gelangen. In diesem Zusammenhang sind die biblischen Aussagen über den Antichristen wichtig (vgl. 1. Joh. 2,18–29; 4,3; 2. Thess. 2,3f; Matth. 24,5.24; 2. Joh. 7; Offb. 13 u.ö.). Der Fortschrittsglaube steht im Widerspruch zur Erfahrung wie auch zur Schrift. (Wachstümlicher Fortschritt des Guten kann sich nur auf das Einzelleben, nicht aber auf die kollektive Weltentwicklung beziehen.) Am Ende der Kulturentwicklung und des Fortschritts steht nicht eine ›verchristlichte‹ Menschheitskultur, sondern die Weltherrschaft des Antichristentums. Daß trotzdem das Reich Gottes siegen wird, geschieht nach dem eindeutigen Zeugnis der Bibel nur durch die Machtoffenbarung des wiederkommenden Christus (Matth. 14,29–31; 2. Thess. 2,8; Offb. 19,11–21; vgl. Dan. 7,13f).«[231]

In diesen heilsgeschichtlichen Rahmen lassen sich nun die Aktivitäten des Christen und der Gemeinde einordnen. Es geht ihm und ihr zuerst und zuletzt um das *geistliche Anliegen* der Versöhnung (2. Kor. 5,15ff), um den Zeugen- und Missionsdienst Jesu. Gerade der eschatologische Aspekt der Wiederkunft Jesu ist Motivation zu Mission und Evangelisation. Dabei wird sich christozentrische Mission immer auch in der diakonischen und sozialen Hilfestellung erweisen. Das Heil behält dabei aber die inhaltliche Priorität vor dem Wohl, der Missionsauftrag vor dem Kulturauftrag! Oder anders ausgedrückt: Das Mühen um das Wohl des Menschen bekommt erst durch die *soteriologische* Priorität seine Berechtigung.

Christen leben also sehr wohl in der ihnen von Christus neu bestimmten Weltverantwortung, aber eben im Horizont ihres wiederkommenden Herrn. Sie lehnen alle utopischen und idealisierenden Weltverbesserungsvorschläge ab, weil sie darin »Überlebenskonzepte« des natürlichen Menschen sehen, der dem Zorn Gottes entgehen will. Bei all ihrem Einsatz machen Christen auf den Ernst der geistlichen Situation des Menschen und der Menschheit aufmerksam. Sie selbst gehen angesichts der katastrophalen Entwicklung der Welt mit ihrer Angst zu dem, der sie – »die ihm der Vater gegeben hat« – tröstet: »Seid getrost, ich habe die Welt überwunden!« (Joh. 16,33) und: »Frieden hinterlasse ich euch, *meinen Frieden gebe ich euch. Nicht wie die Welt gibt,* gebe ich euch. Euer Herz errege sich nicht und verzage nicht!« (Joh. 14,27)

Schluß

Ein Buch, das sich mit den Gedanken anderer Personen, auch innerhalb des christlichen Bereichs, kritisch auseinandersetzt, kann leicht den Eindruck erwecken, als fühle sich der Autor in seinem Erkenntnisstand anderen überlegen. Dies möchte ich aber für meine Person ausdrücklich zurückweisen. Ich achte den persönlichen Glauben und das engagierte Eintreten anderer für Menschlichkeit und Gerechtigkeit sehr. Auch bin ich dankbar für hilfreiche Beobachtungen aus den Humanwissenschaften und für die Sensibilisierung in bezug auf die Umwelt und die globale Krise. Dies alles einfach mit einer biblizistischen Handbewegung abzutun, wäre töricht. Leider geschieht das immer noch und führt zu einem selbstaufgerichteten Glaubensgetto, in dem man die eigenen Sonderfündlein kultiviert, statt das Evangelium einer Welt zu kommunizieren, die von Erlösungssehnsucht gepackt ist wie noch nie. Aber gerade hier liegt eine Gefahr, auf die dieses Buch aufmerksam machen wollte. In dem Ernstnehmen des Menschen und der Menschheit, in der Solidarisierung mit ihren Problemen, kommt es schnell zum Vergessen des souveränen Anspruchs Gottes an den Menschen. *Das neue Bewußtsein versucht, die Kollision des natürlichen Menschen mit dem heiligen Gott zu vermeiden.* Es versucht *neue Zugänge* zu Gott zu schaffen, neue Möglichkeiten des Arrangements zu finden. Aber gerade darin verfehlt es den Kern des Evangeliums und führt zu dessen kreuzloser Umdeutung.

Anbetung und Dienst, Mission und Diakonie werden durch das neue Denken stellenweise sehr behindert, bzw. anders gedeutet. »Das Geheimnis Gottes ... Jesus Christus der Gekreuzigte« (1. Kor. 2,1f) und das Verständnis der Gemeinde als »Pfeiler und Grundfeste der Wahrheit« (1. Tim. 3,15) wird verdunkelt, bzw. preisgegeben. Das priesterliche Anliegen: »Sie sollen mein Volk *unterscheiden lehren* zwischen Heiligem und Gemeinem und ihm den *Unterschied erklären* zwischen Unreinem und Reinem« (Hes. 44,23), wird kaum noch wahrgenommen. Es fehlt auch weitgehend das Kriterium, der Maßstab des Unterscheidenkönnens: das autoritative und prophetisch zu verstehende Wort Gottes und das »Zeugnis Jesu ..., der Geist der Weissagung« (Offb. 19,10). Der *biblische Offenbarungsdualismus* wird in einen universalen Heils- und Friedens*monismus* umgedeutet. Konkret heißt das, daß die polare Spannung im Wesen Gottes aufgelöst und die unterschiedlichen Ebenen von *Natur und Gnade* nivelliert werden. Gott und Mensch werden Partner in der großen Aufgabe, Menschheit und Schöpfung zum Ziel zu führen. Um Partner Gottes zu werden, müsse sich der Mensch seiner Würde bewußt werden. Er solle mündig werden, d.h. seinen Mund selbständig gebrauchen und lernen, seine Gaben einzusetzen. Kreativität und Phantasie sind die Maximen seiner Selbstverwirklichung. Der humanistische Ansatz von der Fähigkeit des Menschen, das Gute zu erkennen, zu wollen und zu tun wird dabei lediglich mit einem christlichen Vorzeichen versehen und übernommen. Daß damit aber das Wort vom Kreuz »entleert« (1. Kor. 1,17) wird, sollte hier aufgezeigt werden.

Es ist mein aufrichtiger Wunsch, daß dieses Buch dazu hilft, unter den verschiedenen Stimmen unserer Zeit neu auf das Reden Jesu, unseres guten Hirten zu achten. ER allein führt uns auf rechtem Weg um Seines Namens willen.

Die Verkündigung des Evangeliums darf, um Menschen heute zu erreichen, nicht allein betonen, was sie meint, sondern muß auch sagen, was sie nicht meint. Gottes Ja und Nein zum Menschen, sein Handeln in Gericht und Gnade, muß zusammen gesprochen werden, um Glauben zu wecken und zu vertiefen. Von der Größe des Menschen kann nur der sprechen, der von seinem Elend weiß.

Blaise Pascal hat es in seinen »Gedanken« richtig getroffen: »Das Wissen von Gott ohne Kenntnis unseres Elends zeugt den Dünkel. Das Wissen unseres Elends ohne Kenntnis von Gott zeugt die Verzweiflung. Das Wissen von Jesus Christus schafft die Mitte, weil wir in ihm sowohl Gott als unser Elend finden.«[232] Nichts anderes wollte dies Buch aufzeigen.

[1] Zur Kritik der Hegelschen Rechtsphilosophie, 1843/44
[2] U. Schaffer: Neues umarmen. Für die Mutigen, die ihren Weg suchen, Stuttgart, 2. Aufl. 1984, S. 34f
[3] Theologisches Gespräch, Freikirchliche Beiträge zur Theologie, Kassel, 2/84, S. 10ff.
[4] a.a.O. S. 24f
[5] siehe Anm. 2
[6] U. Schaffer: a.a.O. S. 11
[7] U. Schaffer: a.a.O. S. 24f
[8] U. Schaffer: Sehnsucht nach Nähe, Stuttgart 1986, S. 40
[9] a.a.O. S. 35
[10] Schuller: Aufwärts zum Erfolg, Thalwil 1982, S. 76
[11] Schuller: Es gibt eine Lösung für jedes Problem, Thalwil o.J., S. 224
[12] ders.: a.a.O. S. 6
[13] 3. Jahrgang 1985, Heft 3, S. 3ff.
[14] Hervorhebung von H.A.
[15] Neues umarmen, S. 56
[16] Wuppertal, 2. Aufl. 1978
[17] Evangelische Kommentare 1/87, S. 22ff.
[18] vgl. ihre Bücher: Jesus, der Mann, Die Gestalt Jesu in tiefenpsychologischer Sicht, Stuttgart 1975; Jesus als Psychotherapeut, Stuttgart 1978
[19] vgl. seine Bücher: Wahrnehmungen, Wie wir uns und andere neu sehen lernen, Wuppertal und Kassel, 1981; Wandlungen ... unser Leben vertiefen, Wuppertal und Kassel, 1982; W. Becker/U. Schaffer: Ganz anders könnte man leben
[20] vgl. ihre Bücher: Die Bibel antwortet uns in Bildern, Tiefenpsychologische Textdeutungen im Hinblick auf Lebensfragen heute, Freiburg 1973; Seelische Gesundheit und biblisches Heil, Freiburg, 1979
[21] »Der verkopfte Mensch« in: Chr. Meves: Manipulierte Maßlosigkeit, Freiburg, 20. Aufl. 1978, S. 129ff.
[22] Becker: Wandlungen, S. 74
[23] vgl. Stephan/Schmidt: Geschichte der evangelischen Theologie in Deutschland seit dem Idealismus, Berlin/New York 1973, S. 64ff
[24] Ullstein Sachbuch, Frankfurt/M., Berlin, Wien 1984, S. 20
[25] So der Titel seines 1934 erschienenen Buches
[26] Die Beziehung zwischen dem Ich und dem Unbewußten, 1928, in: Gesammelte Werke VII, 2. Aufl. 1974, hier zitiert nach: Erinnerungen, Träume, Gedanken von C.G. Jung, aufgezeichnet und herausgegeben von Aniela Jaffé, Olten, 3. Aufl. 1985
[27] Zitiert nach W. Wanner: Mach mehr aus Dir, Schritte zur Erweiterung und Vertiefung der Persönlichkeit, Wege zur Ganzheit, Gießen 1981
[28] »Mich selbst erfahren – den eigenen Körper erfahren«, 8 Workshops vom 12.9.–16.9.83 in Dorfweil, Programmheft
[29] Wahrnehmungen, S. 9
[30] a.a.O. S. 8 (Hervorhebung H.A.)
[31] a.a.O. S. 7
[32] Die Bibel antwortet uns in Bildern, S. 14
[33] Hark: Religiöse Neurosen – Ursachen und Heilung, Stuttgart 1984, S. 170
[34] C.G. Jung, a.a.O. S. 417
[35] ebd.

[36] a.a.O. S. 415f
[37] Zitiert nach Chr. Meves: Manipulierte Maßlosigkeit, S. 139 (Hervorhebung H.A.)
[38] a.a.O. S. 129 (Hervorhebung H.A.)
[39] Chr. Meves: Seelische Gesundheit und leibliches Heil, S. 13
[40] H. Wolff, a.a.O. S. 161
[41] a.a.O. S. 162
[42] a.a.O. S. 66
[43] a.a.O. S. 67
[44] a.a.O. S. 28f
[45] Sehnsucht nach Nähe, S. 9
[46] a.a.O. S. 41
[47] In Gert Geisler (Hrsg.): New Age – Zeugnisse der Zeitenwende, Freiburg i.Br., 1984
[48] vgl. C.G. Jungs schmerzhafte Auseinandersetzung mit dem toten Glauben seines Vaters, der daran scheiterte, daß dieser die Fragen von seiner inneren Persönlichkeit im Gegensatz zu seinem Sohn nicht zuließ: C.G. Jung: Erinnerungen, Träume, Gedanken, a.a.O.
[49] E. Brunner: Dogmatik II, Zürich 1972, S. 33f
[50] Psychoanalyse und Ethik, Stuttgart 1982, S. 192
[51] a.a.O. S. 197
[52] Becker: Wandlungen, S. 10
[53] a.a.O. S. 5 (Hervorhebung H.A.)
[54] Diese Gedanken äußert auch Christa Meves in ihrem Aufsatz »Abgeschaffte Schuld?« (in: Manipulierte Maßlosigkeit, Freiburg 1971), um damit auf ein Problem seelisch kranker Menschen aufmerksam zu machen, die unter schweren, selbstgemachten Schuldgefühlen leiden. So verständlich ihr Anliegen aus psychagogischer Sicht auch ist, und so sehr man sicher auch die krankhafte Situation eines Menschen berücksichtigen und von einer normalen Situation unterscheiden sollte (wer kann das aber letztlich?), so ist andererseits nicht zu übersehen, daß Frau Meves Aussagen über das Böse, Natur und Schuld macht, die vom biblisch-reformatorischen Standpunkt aus nicht mehr haltbar sind: »Das ›Böse‹, das in unseren Gedanken auftaucht und danach drängt, in Handlungen verwandelt zu werden, ist nicht ursprünglich böse, es gehört zu unserer Natur, ohne die wir nicht leben können, ja ohne die wir uns nicht entwickeln können, die wir gut dosiert brauchen wie eine Heizung das Öl.« (S. 121)
[55] Wandlungen, S. 82
[56] Wandlungen, S. 89
[57] Neues umarmen, S. 17
[58] E. Fromm: a.a.O. S. 17
[59] vgl. E. Brunners Unterscheidung von »formaler« und »materialer« Gottesebenbildlichkeit, Dogmatik II, 1972, S. 67ff.
[60] E. Fromm: a.a.O. S. 197
[61] E. Fromm: a.a.O. S. 192
[62] Melzer: »Selbstverwirklichung?«, in: Theologie unter dem Wort, Beiträge der FETA zu Lehre und Forschung, Hrsg. Samuel R. Külling, Riehen 1984, S. 205ff.
[63] vgl. Bd. 5 des Großen Wörterbuchs der Gegenwartssprache aus dem Duden Verlag
[64] Zitiert nach Melzer: a.a.O. S. 206
[65] Melzer: a.a.O. S. 208
[66] Psychoanalyse und Ethik, S. 17 (Hervorhebung im Original)
[67] ebd.

[68] ebd.
[69] a.a.O. S. 130
[70] a.a.O. S. 125
[71] a.a.O. S. 51 (Hervorhebung im Original)
[72] vgl. W. Trobisch: Liebe dich selbst, Wuppertal 1975
[73] Zitiert nach U. Steffen: ... und deinen Nächsten wie dich selbst, Breklum, 2. neubearb. Aufl. 1977, S. 107
[74] Das Gebot und die Ordnungen, Zürich 4. Aufl. 1978, S. 300; vgl. auch H. Thielike: Theologische Ethik, Bd. I, Tübingen 3. Aufl. 1965, s. 567f
[75] vgl. dazu L. Gassmann: Heil aus sich selbst?, Seelsorge zwischen Selbstverwirklichung und Christuswirklichkeit, in: ders. (Hrsg.): Gefahr für die Seele, Neuhausen 1986, S. 78
[76] vgl. die Erzählung vom »verlorenen Sohn« in Luk. 15,17, die von Vertretern des neuen Bewußtseins geradezu als biblisches Paradebeispiel der Selbstbegegnung und des In-Sich-Gehens herangezogen wird, freilich ohne dabei die Beziehung zu Gott, dem Vater, im Blick zu haben
[77] Psychoanalyse und Ethik, S. 19ff.
[78] a.a.O. S. 26
[79] a.a.O. S. 30
[80] a.a.O. S. 215f
[81] Das Evangelium denken und verantworten lernen, in: Blickpunkt Gemeinde, Kassel 2/86, S. 8
[82] Dagmar Kind: Ausgestiegen, a.a.O. S. 5
[83] Zitiert nach Liebschner: a.a.O. S. 7
[84] Thomas Friedhoff: Wenn (man) ist, was nicht sein darf, in: BTS, Zeitschrift der Arbeitsgemeinschaft Beratung – Therapie – Seelsorge, 4. Jahrgang 1986, Heft 1
[85] G. Huntemann: Der verlorene Maßstab, Gottes Gebot im Chaos dieser Zeit, Bad Liebenzell 1983
[86] vgl. Claus Dieter Stoll: Von der verkündigenden zur beratenden Seelsorge, Die Entfremdung der kirchlichen Seelsorge von der biblischen Grundlage, in: L. Gassmann (Hrsg.): Gefahr für die Seele, Seelsorge zwischen Selbstverwirklichung und Christuswirklichkeit, Neuhausen-Stuttgart 1986
[87] Thurneysen: Die Lehre von der Seelsorge (1946), Zürich 5. Aufl. 1980, S. 186f
[88] Bequem zugänglich in Haus Steubing (Hrsg.): Bekenntnisse der Kirche, Wuppertal 1985, S. 154ff
[89] Eva Firkel im Nachwort zu H. Wolff: Jesus als Psychotherapeut, a.a.O.
[90] Becker/Schaffer, ganz anders ..., S. 26
[91] Frieden ist möglich, Serie Piper, München, 1983;
Liebe ist möglich, Serie Piper, München, 1985
[92] Peter Hahn: Pro & Contra Franz Alt, An der Bergpredigt scheiden sich die Geister, Wiesbaden 1984, S. 107ff. (es handelt sich hier nicht um den Rundfunk- und Fernsehredakteur Peter Hahne!)
[93] a.a.O. S. 120
[94] Chr. Meves: Die Bibel antwortet uns in Bildern, S. 9ff
[95] a.a.O. S. 57, 60
[96] a.a.O. S. 24
[97] Jung: Psychologie u. Religion, Studienausgabe bei Walter, 4. Aufl. 1984, S. 12
[98] BTS 3. Jahrgang 1985, Heft 4, S. 8
[99] a.a.O. S. 6
[100] Th. Friedhoff, a.a.O. S. 5
[101] W. Becker: Wandlungen, S. 80
[102] Peter Russel in G. Geisler (Hrsg.) a.a.O. S. 188

[103] vgl. dazu das wichtige Buch von E. Schnabel: Inspiration und Offenbarung, Wuppertal 1986 sowie H. Marshall: Biblische Inspiration, Gießen 1986

[104] Zu der theologischen Auseinandersetzung um das rechte Schriftverständnis vgl. vor allem W. Künneth: Fundamente des Glaubens, Wuppertal 1977; G. Maier: Das Ende der historisch-kritischen Methode, Wuppertal 1974, 5. Aufl. 1984; ders.: Wie legen wir die Schrift aus?, Gießen 1978; ders.: Heiliger Geist und Schriftauslegung, Wuppertal 1983; K.H. Michel: Sehen und Glauben, Schriftauslegung in der Auseinandersetzung mit Kerygmatheologie und historisch-kritischer Forschung, Wuppertal 1982; A. Sierszyn: Die Bibel im Griff? Historisch-kritische Denkweise und biblische Theologie, Wuppertal 1978; H. Stadelmann: Grundlinien eines bibeltreuen Schriftverständnisses, Wuppertal 1985.

[105] W. Künneth: Fundamente des Glaubens, S. 98

[106] P. Hahn: a.a.O. S. 113

[107] W. Künneth: a.a.O. S. 53

[108] In seinem Vorwort zu H. Stadelmann (Hrsg.): Epochen der Heilsgeschichte, Wuppertal 1984, S. 9f. Zu diesem Thema vgl. ferner G. Maier: Grundlinien eines biblischen Schriftverständnisses, in W. Veeser (Hrsg.): Theologische Auseinandersetzungen mit dem Denken unserer Zeit, Bd. 3, Neuhausen-Stuttgart 1984

[109] vgl. Becker/Schaffer, a.a.O. S. 26

[110] W. Becker: Wahrnehmungen, S. 16

[111] a.a.O. S. 15

[112] G. Huntemann gibt in seinem Buch »Streit in der Kirche« (1971) die einschlägige Literatur an und schreibt dazu auf S. 80ff die oben im Text zitierten Sätze

[113] Becker/Schaffer: a.a.O. S. 25f

[114] Becker: Diktiert von der Freude, Kassel 1970, S. 36f (Hervorhebung H.A.)

[115] Becker: Wandlungen, S. 40

[116] P. Hahn: a.a.O. S. 118

[117] Becker: Wandlungen, S. 29

[118] Becker: Gott glauben lernen, Wuppertal 1982, S. 23f

[119] Becker/Schaffer: Ganz anders . . ., S. 33

[120] ebd.

[121] Becker/Schaffer: a.a.O. S. 34

[122] Becker/Schaffer: a.a.O. S. 35 (Hervorhebung H.A.)

[123] Becker/Schaffer: a.a.O. S. 120

[124] Becker/Schaffer: a.a.O. S. 122

[125] Becker/Schaffer: a.a.O. S. 37

[126] Becker/Schaffer: a.a.O. S. 68

[127] Becker/Schaffer: a.a.O. S. 69

[128] a.a.O. S. 7

[129] Neues umarmen, S. 46

[130] Punkt 9/84, S. 48

[131] vgl. zu den folgenden Gedanken E. Brunner: Dogmatik I, Zürich 1972, S. 160ff

[132] a.a.O. S. 161

[133] a.a.O. S. 182

[134] a.a.O. S. 167

[135] Eros und Agape, Gestaltwandlungen der christlichen Liebe, Gütersloh, 2. Aufl. 1954. Auf ihn bezieht sich auch E. Brunner, a.a.O. S. 18ff

[136] E. Brunner referiert sie einsichtig und präzise unter Quellenangaben a.a.O. S. 171f

[137] Weimarer Ausgabe (WA) 7, 658, vgl. 1. Samuel 2,6, eine Stelle, auf die sich Luther in seinem Werk immer wieder beruft

[138] WA 46, 672
[139] WA 46, 669
[140] Erlanger Ausgabe 13, 313
[141] Erl. A., 204, 19, 229, 36, 366 F.
[142] Frieden, S. 9.
[143] a.a.O. S. 24
[144] a.a.O. S. 10
[145] C.G. Jung: Zur Psychologie westlicher und östlicher Religionen, GW, Bd. 11, S. 4
[146] C.G. Jung: Antwort auf Hiob, GW, Bd 11, S. 502
[147] C.G. Jung: Erinnerungen, S. 21
[148] a.a.O. S. 58, 67
[149] a.a.O. S. 105
[150] ebd.
[151] Es ist mir unverständlich, wie Christoph Kolbe in seiner Dissertation: Heilung oder Hindernis, Religion bei Freud, Adler, Fromm, Jung und Frankl, Stuttgart 1986, den okkulten Hintergrund Jungs nicht deutlich nennt und sein völlig anderes Jesusverständnis erwähnt. Statt dessen läßt er beim Leser den Eindruck entstehen, als seien der Jesus Jungs und der biblische Christus identisch, was aber überhaupt nicht das Fall ist.
[152] Hahn: a.a.O. S. 119
[153] Alt: Liebe, S. 13
[154] a.a.O. S. 14
[155] a.a.O. S. 15
[156] a.a.O. S. 25
[157] a.a.O. S. 26
[158] a.a.O. S. 31
[159] Armin Volkmar Bauer: a.a.O. S. 3ff
[160] Alt, Frieden, S. 11
[161] vgl. Chr. Mulack: Die Weiblichkeit Gottes, Stuttgart, 3. Aufl. 1984
[162] in: Jesus, der Mann
[163] München/Wien 1986
[164] Jürgen Moltmann: Gott in der Schöpfung, Ökologische Schöpfungslehre, München 2. Aufl. 1985, S. 11
[165] Global 2000, Frankfurt 30. Aufl. 1981, S. 21
[166] Vielleicht ist es noch nicht zu spät, Stuttgart 1983, S. 76
[167] Alvin Toffler, Der Zukunftsschock, Bern 1970
[168] A. Toffler, Die dritte Welle. Zukunftschance. Perspektiven für die Gesellschaft des 21. Jahrhunderts, München 1983, S. 20 (Hervorhebung H.A.)
[170] M. Ferguson, Die sanfte Verschwörung, S. 25 (Hervorhebung H.A.); vgl. dazu aus christlicher Sicht: Reinhard König: Geheime Gehirnwäsche, Wie man uns heute für morgen programmiert. Neuhausen-Stuttgart 1986, H.J. Ruppert: New Age-Endzeit oder Wendezeit?, Wiesbaden 1985; Constanze Cumbey: Die sanfte Verführung – Hintergrund und Gefahren der New-Age-Bewegung, Asslar 1986; Kl. Berger: New Age – Ausweg oder Irrweg, Asslar 1987.
[171] A. Peccei, Die Zukunft in unserer Hand, Goldmann TB, 1981, S. 6, 108, Inf., 214 im Auszug
[172] Zitiert nach G. Geisler: a.a.O. S. 36
[173] Zitiert nach R. König: a.a.O. S. 76
[174] C. Fr. v. Weizsäcker: a.a.O. S. 20
[175] a.a.O. S. 96
[176] a.a.O. S. 48
[177] a.a.O. S. 96

[177a] Kritisch urteilt Robert Spaemann in der FAZ vom 6.6.87, daß die Hoffnung Weizsäckers »alle Züge der Hoffnung auf ein selbstbestelltes Wunder« trägt. Er macht in seiner Entgegnung »Der Geist weht, wo er will« m.E. mit Recht darauf aufmerksam, daß es bei Weizsäckers Friedensbemühungen nicht um den Frieden Jesu Christi gehe – den könne »jeder jederzeit haben« –, sondern um einen, wie Weizsäcker selbst zugibt, »vernünftigen Bewußtseinswandel, der es erlaubt, politische Ordnungen zu schaffen, welche eine unerlöste Menschheit daran hindern, sich selbst zu vernichten.« Hierfür, so Spaemann, »wird man im Buch der Christen vergeblich nach Wegweisungen suchen.« Dann aber ist nicht einsichtig, warum Weizsäcker ausgerechnet die Christen versammeln will.

[178] Jürgen Moltmann, Gemeinschaft in einer geteilten Welt, zitiert nach W. Künneth/P. Beyerhaus: Reich Gottes oder Weltgemeinschaft?, Bad Liebenzell, 1975, S. 480f

[179] Jürgen Moltmann, a.a.O. S. 461

[180] S.J. Samartha: Die Grenzen geraten in Unruhe, zitiert nach Künneth/Beyerhaus, a.a.O. S. 454

[181] Zitiert nach Künneth/Beyerhaus, a.a.O. S. 172f

[182] a.a.O. S. 260

[183] a.a.O. S. 162 (Hervorhebung H.A.)

[184] W. Becker/U. Schaffer: a.a.O. S. 28

[185] W. Becker/U. Schaffer: a.a.O. S. 28

[186] Dies.: a.a.O. S. 34

[187] Dies.: a.a.O. S. 32

[188] Becker: Wandlungen, S. 5

[189] Becker/Schaffer: ganz anders, S. 61

[190] a.a.O. S. 64

[191] a.a.O. S. 64

[192] Becker: Wandlungen, S. 93

[193] a.a.O. S. 92

[194] a.a.O. S. 95

[195] Untertitel: Glauben und Leben in der Jahrtausendkrise, Wuppertal und Kassel 1986

[196] a.a.O. S. 17

[197] a.a.O. S. 9 (Hervorhebung H.A.)

[198] a.a.O. S. 221

[199] a.a.O. S. 230 (Hervorhebung außer »möglichen« H.A.)

[200] a.a.O. S. 230

[201] a.a.O. S. 237

[202] »Welt am Sonntag« vom 4.11.1979

[203] »Neue Westfälische Zeitung« vom 19.5.1982

[204] Die Gemeinde Nr. 28–30/82. Es geht hier um die Sache der Rede, nicht um die Person B. Grahams, über die ich zu richten nicht berechtigt und gewillt bin! Auch soll damit sein evangelistischer Dienst in keiner Weise geschmälert werden. Daß er hier erwähnt wird, soll nur aufzeigen, wie schnell auch unter Evangelikalen unter bestimmten Umständen biblischer Auftrag und Zielvorgaben sanft verändert werden können. Daß B. Graham deswegen in eine Reihe mit Vertretern des neuen Bewußtseins zu stellen sei, behaupte ich nicht. (Hervorhebung H.A.)

[205] Haben oder Sein, Die seelischen Grundlagen einer neuen Gesellschaft, München 11. Aufl. 1982, S. 129

[206] a.a.O. S. 161

[207] Frieden ist möglich, S. 114

[208] a.a.O. S. 30
[209] a.a.O. S. 161ff
[210] a.a.O. S. 236ff
[211] a.a.O. S. 254
[212] a.a.O. S. 223
[213] Becker/Schaffer: ganz anders, S. 62
[214] a.a.O. S. 66
[215] Becker, Wandlungen, S. 95
[216] Siegfried Großmann: »Gottes Wille: eine menschliche Welt«, Die Gemeinde Nr. 29–30/85
[217] ebd.
[218] ebd.
[219] a.a.O. S. 110ff
[220] Becker/Schaffer: ganz anders, S. 34
[221] a.a.O. S. 121f
[222] Hoffnung gewinnen, S. 75
[223] Großmann: a.a.O. S. 81
[224] a.a.O. S. 81f
[225] Erich Sauer: Der Triumph des Gekeuzigten, Wuppertal 10. Aufl. 1976
[226] Zitiert nach Fritz Hubmer: Weltreich und Gottesreich in Prophetie und Erfüllung, Neuhausen-Stuttgart 1971, S. 89f
[227] F. Hubmer: a.a.O. S. 116
[228] So der Titel eines hilfreichen Buches von Johan Bouman, Gießen 1984
[229] Heilsgeschichte bei Erich Sauer, in Helge Stadelmann (Hrsg.): Epochen der Heilsgeschichte, Wuppertal 1984, S. 11ff, Zitat S. 15f
[230] Zitiert bei E. Schrupp, a.a.O. S. 17
[231] a.a.O. S. 18
[232] Blaise Pascal, Gedanken, Universal-Bibliothek 1621 (2); Stuttgart 1956, S. 22